一個人的活法

鄭家鐘 著

習慣出軌：
人生這篇文章，要有逗點句點

—————————————————— 陳文茜（作家、主持人）

　　他習慣出軌。人生從青少年想考醫學院，變成報效時代的經濟系碩士。再從跑經濟新聞記者，變成報社主管。接著碰到一位貴人進到藝術基金會，驚覺自己人生是不斷地自我觀照的行為藝術。

　　於是他再度出軌，出入各個藝術畫廊，遠奔日本、英國……尋訪那些藝術家們試圖創造的人生觸讀。

　　但他也從未出軌。他是我母親的偶像，我的母親這一生的憾事，即是婚姻的失敗，她的鄰居鄭家鐘每天晚上和太太出門散步，手牽手，恩愛，平靜自在。空氣中的幸福，看在我母親的眼裡，泛著淚……心想：如果我年輕時不要那麼任性……如果……。

　　家鐘的聰明、能幹、正直，在新聞界裡，老一輩皆

知。他是《中國時報》創辦人余紀忠最器重的手下之一。但除了才能，他有一個特質，是同一代的才子沒有的：重情重義。

台灣新聞圈跑到了頂級主管，鄭家鐘被李嘉誠看上了。當時的香江豈止是更上一層樓，它代表進入國際金融平台，尤其李嘉誠。《中國時報》再有影響力，《工商時報》再呼風喚雨，不過是亞洲四小龍中的一個過度地方化的島嶼媒體。

世界看不到台灣，台灣媒體也沒有足夠觀懷世界，包括跨國公司的報導。

奔向李嘉誠，「再出軌」，應該是 99% 的人，毫不考慮，甚至用盡手段想要得到的「機會」。

但鄭家鐘從青少年保釣事件改變他從醫學院報考經濟系開始，就不是拿著算盤的人。

他選擇先和老闆余紀忠商量，這是一個多麼忠厚的人。余先生回：「我把你當兒子，你怎麼可以跑了？」

余老先生一席動人的話，使鄭家鐘立即放下他的香江夢，守著陽光，守著《中國時報》，直到余先生的兒子接棒，直到余先生過世，直到 2008 年集團易手。他才離開。

他曾經後悔嗎？

這幾年，我未曾聽家鐘抱怨過……例如他人生錯失了什麼……例如他本來也可以入閣當個官如其媒體圈前後輩熱衷的權力角逐……例如想像李嘉誠的平台，他的能力可以如何如何……。

每次看到我，他總是說些動人的話語。他也參加了圓桌訓練，和我另一個好友金惟純一樣，兩大才子，可以自立門戶，可以為人所用，可以包容別人的錯誤，可以欣賞他人的卓越，然後不斷地、也不吝惜地對他們衷愛的朋友說：我愛你！

他最近對我說的話：「以前我喜歡你，後來我喜歡的人必須像你。」

這非常泰戈爾。

在他的書中，他看到一位畫家的作品，引述了康德的話：「崇高經驗」（sublime），來自無法在感覺（sensation）與感受（affection）上的身體實踐，崇高是一種不可說、無可名狀的經驗狀態。」

他懂，他自己已經歷這種狀況。一輩子成為支撐自己信念的脊梁！當他就是「那個願意為團隊拚下去的人」！那種信念，呼應了他的身體，崇高的信念，不是

金錢可以衡量換得的。

　　鄭家鐘出身經濟系，目前擔任台新銀行文化藝術基金會董事長，但卻活得那麼免於媚世俗值。比起來，他更接近一個入世的哲學性修行者。

　　在靈修和藝術中，也年近七十的鄭家鐘依舊尋找未知的密碼，「既存的一切都需要破解」。

　　世間的他沒有成見，沒有綑綁，因此一直出軌。

　　情義的他，手牽著妻子，知道彼此是對的人，緊緊相扣，互相學習、位移，一起白著髮，走向人生句點。

　　情中的他，不必出軌。

永遠少年的活法

—————————————— 陳立恆（法藍瓷總裁）

　　一直覺得我的好朋友鄭家鐘董事長常年保持通身一股少年朝氣，這次有幸看到他的新書《一個人的活法》，突然好奇起這個「活」字的典故，原來「活」字約略是由形容淙淙潺潺的流水聲演變至今。

　　誠然，天地之間的生機勃發無一不是伴隨著流動的活水而生，自此我大概可以理解鄭董事長的少年朝氣從何而來。他的人生經歷就是一條自成趣致的活水，跨界經濟、新聞、管理、藝術、慈善等不同領域，總是隨遇而安、游刃有餘。

　　我覺得這本書就是他青春常在的生活心法，誠摯推薦本書給所有好朋友們，讀讀這本《一個人的活法》，學習如何在流動的世界裡，保持一個開放與清明的思考

頻率，找出問題所在與解決方案，你會發現人生就像一座實驗室，不妨嘗試無限種疊加與可能。也許永遠歸納不出一條成功公式，卻有機會活成一個永遠少年的有趣人生。

活是多方的現在進行式

——————————————————— 羅智成（詩人、作家）

　　生命珍貴而短暫，要如何充分去開拓它、體驗它，讓我們不虛此行，爲自己及他人活出最大的價值呢？這其實要看實踐這段生命的人，他是否具有活躍的心智、易感的靈魂，或者，具有智慧的人生觀吧？

　　《一個人的活法》似乎想結合這三個要素，向我們示範某種敏於感受與觀察、敏於思考與吸納的生活態度，在熱切閱讀世界的同時，不停得到啟發。而且這熱力四射的人生觀並非來自理論與空想，而是來自作者的實踐與分享。

　　家鐘兄大概是我的老友中輻射力最強的典型人物了！

　　我說的「輻射力」，指的是某些人的性格與特質充

滿感染力。廣博的知識、豐富的閱歷、敏銳的思想或溫暖的友情超過了個人的形體，持續而顯著地發散給周遭的人。

家鐘兄是非常稀有地同時具備這些特質的人，這使得他在職場上、生活上都十分活躍，不但擔任過跨距極大的許多專業的重要主管，主導過從媒體到行政到文化到社會公益的種種計畫，遊歷過許多精采的國度，見識過許多厲害的作品，更讓他成為一個樂於分享、善於表達的意見領袖。

這些可見與不可見的能量來自於他的人生觀，也和他的性格交互影響。可以這樣說，在朋友圈中，他大概是最能貫徹「我思故我在」或信仰「沒有思考的生活是沒有意義的生活」的一個人了！所以跟他聊天是十分有趣的事，可以激盪出許多火花。然後你會發現到，這麼多年來，在忙碌的生活中，他真的隨時在觀察，隨時在吸收，隨時在思辨，隨時在整理。不只如此，他還可以持之以恆地寫札記、發起討論或主持講座。所以他在本書自序提出「我寫故我在」時，我不禁會心一笑，這是關於他自己多麼貼切的表達啊！

《一個人的活法》包括了四個部分，大大小小近

三十篇文章，形式接近讀後心得或充滿鄭記風格的札記，主要內容則是這些年來大量觀賞當代藝術、閱讀書籍，並與這些作品或作者對話所做的整理。貫穿全書要傳達的訊息是：活是多方的現在進行式，我們必須從時時刻刻的探索與體悟中活出自己的方式。

所謂對話，就是他會以多年來的生活與工作歷練、審美的訓練與學習，來印證、詮釋種種作品與觀念，也提出辯駁，進行反思。而我所謂鄭記風格，則是不論主題大小、篇幅長短，他都有一種衝動要去歸納、整理出一些模式或概念結構出來。這一點頗接近他的經濟學本行或本能，我認為也可以理解為一個充滿洞見的解讀者，努力要把他發現的意義整理成某種普遍的法則，成為可以依循、可以複製的知識結構。

落實在這一本書上，那些看似零散的生活體悟與審美經驗，就隱隱發展成某種「豐富生命意義」的方法學，並涵蓋到人生定位、方法論、實踐與應用等面向。此外，還在個別文章中，建構出規模較小的概念結構，呈現出他特有的思維模式。鄭家鐘所依據的事實與經驗能否支持這些架構，我一時之間無法評判，但並未顯現於文章中的，那延伸知識與經驗的熱誠，卻十分令人動容。

我認為《一個人的活法》不論對作者還是讀者，都代表了一個出發點，更大的省思與更有意識的生活，正在發生。我不覺得我們多數人有能力效法作者大部分的作為，幸運的話，偶爾跟他聊聊天，偶爾讀讀他的文章，感受一下那穿透了各種生命隔閡的輻射力，也就夠了！

當記者沒有不好

———————— 簡秀枝(《典藏》雜誌社社長)

　　鄭家鐘是媒體人華麗轉身的典範。

　　網路上流傳,「少小不讀書,長大當記者」,究竟發生了什麼事,讓記者這個行業,被如此負評!?

　　台新銀行文化藝術基金會董事長鄭家鐘,不也是記者出生?而且在媒體相關工作,一待就是三十年,他不但全身而退,還漂亮轉身,轉戰另一個大舞台,依舊虎虎生風、不辱使命。

　　在這個對記者角色、印象混亂的時刻,忍不住向台新金控集團董事長吳東亮,發送疑惑訊息,我說,讀完鄭家鐘新著作《一個人的活法》,佩服他的文采,之外,也非常羨慕他,一路有貴人相助,給了他亮眼舞台,而且不只一個。「媒體人何其多,為什麼您會這麼賞識與

信任鄭家鐘！？」

　　吳東亮董事長接受我的提問，他略做思考，隔了兩天，做出答覆：

　　鄭董曾經是《中國時報》創辦人余紀忠先生的左右手，是一位值得信賴，能夠委以重任的人。

　　我欣賞他具有媒體人豐富的社會閱歷、文化人的妙筆生花、藝術家的浪漫瀟灑，卻沒有孤高冷傲的距離感。他從事及接觸過多樣的行業，見識廣博。

　　他這樣的特質，為金融及藝術，增添溫度，並協助我們帶著愛，走進社會。

　　哇，好正向的評價，而且面面俱到。

　　吳東亮不只是台新金控集團董事長，也是具有七十一年歷史的「中華民國工商協進會」現任理事長，地位舉足輕重。

　　得到企業老闆這樣背書，果然證明鄭家鐘絕非等閒之輩。看他慈眉善目、廣結善緣，然而談笑用兵中，不只長年累積的人品與實力，受到肯定，更重要的是，他協助企業主，「帶著愛走進社會」，那種個性與特質，讓老闆們對他信任，放手讓他發揮。

鄭家鐘的成功經驗，在此時此刻，倍具意涵，讓人回頭反思起新聞媒體的角色扮演。

　　認識鄭家鐘，從媒體同業的關係開始，敬佩他的新聞敏感度及領導風格。後來，因為經營藝術專業媒體，一路見證台新企業集團在藝術文化上的努力與成果，尤其剛過二十一歲生日的台新文化藝術獎，成果豐碩，國際留名，身為該基金會董事長的鄭家鐘，當然功勞不小，值得喝采。

　　近年，在他的力薦下，參加「圓桌教育基金」課程，我們更互為學長學妹關係，可以互相說「我愛你」（意思是我願意用我的全部支持你），更可以在社群媒體上，互送「紅玫瑰」貼圖。帶著圓桌「愛、關懷、感謝」的理念，再加上鄭家鐘的柔暖心與分享習慣，就更見怪不怪，人生路上，不管扮演什麼角色，他總是游刃有餘。

　　從蘇黎世飛返台北的班機上，我重讀一遍鄭家鐘新作書稿，希望爬梳出他的過人軌跡。

　　我最喜歡他書中描述的，走到舞台中央，全力以赴，退回原來位置，守護初心，那種收放自如的個性，讓他一輩子都不需要去找工作忙，反而是人家看中他、信任他，拿著工作來找他。

書中提及，中時集團創辦人余紀忠（1910-2002），是影響鄭家鐘一生的貴人。

　　「他是最懂行不言之教的長者，做自己所說、說自己所做」，鄭家鐘在新書上說。余董事長家客廳掛著「鐵肩擔道義，辣手著文章」的對聯，更是一代報人的高度與風範。余紀忠先生喜歡在他的客廳召集同仁或共商大事或閒話家常，鄭家鐘說在談笑風生間每每抬頭看見該副對聯居高俯視著大家，自然而然就內化成媒體人仗義直言，敢於站在當權者對立面，勇敢發聲。也因此養成鄭家鐘鞭辟入裡的習慣，寫文章不留情面，直指要害。那樣的專業要求，得罪當權是家常便飯，許多人會因此保持距離。但是鄭家鐘卻不敢忘卻知識分子的責任。而且在生涯中這個堅持一以貫之，這種堅持也成為日後被委以重任的基礎所在。

　　鄭家鐘聰明絕頂，很會念書，建中、台大，原本要念丙組當醫生，順應社會潮流，或者出國深造，拿博士學位當教授，作育英才。

　　但是來自骨子裡的時代感、鄉土情，讓他沒有跟著時髦潮流前進，有幾件事，令人感佩：

　　第一，1970 年的保釣運動在台灣也造成風潮，建

國中學學生代表會為了聲援保釣發起罷課，當時身為班代的鄭家鐘也加入活動。建中與警總距離最近，等於在警總鼻尖下鬧事，於是很快門口就被軍警包圍，想衝進校區。罷課學生看到校長老師教官擋在門口跟軍警理論，感受到師長們承受的壓力，於是共同呼籲同學，終止罷課解散集會。他們的冷靜與智慧，為成為明日的時代棟梁，進退有據，彈性自我調整，非常值得嘉許。

第二，那個年代台灣社會的風氣是理工掛帥，因此優秀學生，不是念丙組，考台大醫學院當醫生，就是選甲組當工程師、科技人，甚至流行「來來來，來台大，去去去，去美國」，大批學子留學後就留在美國工作。

然而，影響深遠的「五四運動」，當年投入救亡圖存的莘莘學子，大都來自文法科系。

高昂的愛國情緒蔓延之下，仿效「五四菁英」，進入政治、社會、法律、經濟科系，改造與健全台灣發展生態。於是，一群班代表集體轉組，鄭家鐘棄丙組，改念丁組，進入台大經濟系，為經世濟民跨出第一步，也為日後在媒體工作發揮影響力埋下伏筆。

第三，當年兼差進《中國時報》當編譯，卻被網羅進採訪團隊，當起菜鳥記者，在第一線橫衝直撞，鄭家

鐘不以爲辛苦，也不嫌棄低賤，從小記者採訪角色，參與並見證台灣政經社會的快速變遷。

那個不是規劃中的第一份記者工作，卻因緣際會成爲他職場上三十年的本業，本爲布朗大學博士班候選人的他放棄出國深造，原本對於學校很憧憬的他，就此成爲美麗的遺憾。

第四，王蔣大戰，恭逢其盛。1981 年台灣經濟政策，開始自由化，打響政策轉變的財經大辯論，王蔣大戰是世紀大戲，代表凱因斯學派的本土學者以王作榮爲代表，而代表貨幣學派的歸國學人，則是以蔣碩傑爲首的財經六院士。

《中國時報》當時主辦論壇，讓兩派的高手同台過招，針鋒相對，經過辯論讓當局知所決策，可說是台灣金融政策自由化與政府角色調整的分水嶺，影響往後幾十年台灣的經濟發展。

鄭家鐘是台大經濟學碩士，在財經政策的公開辯論中，他能掌握重點，評價台灣經濟在菁英監視守護下的功過得失，發揮了媒體的最大功能，協助當局走向事半功倍的發展道路。

第五，他有幸得到職場的伯樂，才有千里馬的舞

台。他的才華品格贏得報人余紀忠先生的重用。

余紀忠在中央大學是念歷史系，接觸三民主義，深受孫中山的理論與思想影響，淞滬事變隨軍赴吳淞抗日，之後遠赴英國倫敦政經學院深造，後國民政府宣布對日抗戰，他立即返國投身軍旅。

在余紀忠身上，鄭家鐘看到他熱愛國家、追求正義，堅持「民主、自由、愛國家，開明、理性、求進步」的人生價值觀與辦報理念，還有他樂於助人、提攜後輩，幫助過不同行業、不同領域的許多人，余紀忠是鄭家鐘的老闆、貴人及終身學習典範。

第六，抓到時代脈動，保持最大的學習動機與不器的柔軟身段。

胡適名言「要怎麼收穫，先那麼栽」，鄭家鐘透過新聞採訪的機會，努力練功，增長知識見聞。

果然，他逮到機會，1989 年因應網路興起，鄭家鐘出任時報資訊董事長，那是國內第一批獲得加值網路執照的營運商，經營即時新聞及財經資料線上服務，時報資訊與日本經濟新聞資料庫中心展開多年互訪學習，觸角伸向網路，成為台灣網路業先驅。

1995 年中時網科，成立網路公司，正在風口上，

負責主持雅虎投資中時網科技事宜，鄭家鐘見識與大公司談判戰略與戰術。

而在網路界本夢比大潮下的中網，快速擴張，好景不常，2000年網路泡沫化，鄭家鐘也身陷險境。

人生一下子，跌到谷底，裁員減薪度小月，但鄭家鐘在那段人生低潮裡，沒有浪費時間，他已經為接下來的挑戰，打好心理基礎。

2002年，《蘋果日報》進入台灣市場，迎戰媒體大亂鬥，鄭家鐘請纓回鍋《工商時報》，希望協助穩住專業報紙陣腳。

當時老闆問他，《工商時報》是否能轉虧為盈？鄭家鐘拿出經濟學理與職場累積的心得，提出果決建議，在下降型市場趨勢中，以成本控制，扳回翻轉機會。果然，他以不到一年的時間，在強敵壓境下，讓《工商時報》轉虧為盈。

2007年鄭家鐘轉換跑道，進入電視市場負責中天及中視，又把原本的媒體業轉型為「媒體內容資產管理事業」，以內容再製，以及IP授權，做為公司新定位，尤其引進國內媒資管理系統，親自主持轉型。

2008年底，中時集團易手，鄭家鐘離開長達三十

年的媒體生涯。然而，超越自己與超乎預期的「雙超哲學」，成爲烙印在鄭家鐘身上的金字招牌，讓下一個貴人，一眼就看上。

聖嚴師父曾說：「虛空有盡，我願無窮。」生命中只要有使命，有目的，就有新的動力。

台新銀行成立，董事長吳東亮希望以當代藝術創造台灣新價值。因爲生活有藝術，天地燦爛，無所不美；社會有文化，分享他人，溫情滿溢。吳東亮先生創辦台新銀行文化藝術基金會享譽藝術界。

「台新藝術獎」二十多年有成，已成爲台灣當代藝術最具指標性的獎項，諸多入圍及得獎藝術家，透過該獎的榮耀，得到持續創作的能量，提高了他們在國際藝壇的能見度，帶來更多的空間與可能性。

2009 年，爲了讓台新藝術獎更能被社會看見，吳東亮禮聘鄭家鐘接任董事長，就是借重他媒體界的溝通經驗。爲了進一步擴大藝術的社會溝通，拓展民衆接觸藝術的邊界，該基金會成立 Artalks 網站，讓藝術家、民衆有了網路交流平台，同時每季公開提名名單及個別提名理由，構造論述與討論的場域，提供大衆更多理解藝術創作的接觸點，更與電台長期合作，在語音媒體上

說藝術，用深入淺出的互動談話，成為藝術家另一種社會連結。

　　該基金會同時致力與企業員工、社區互動，在 ESG 當中扮演主動積極角色，優質教育、文化素養，促進多元社會方面，以各項方案進行努力，包括午間音樂會、金控大廳展覽、員工藝文課程、工作坊、校園互動、藝文活動推廣等，傳達藝術與生活的連結，也與台新銀行公益慈善基金會合作，藝起做公益，鼓勵藝術家參與公益活動，用創新方式支持永續。

　　鄭家鐘推崇哈佛商學院企業管理教授克萊頓‧克里斯坦森（Clayton M. Christensen）在其著作《你要如何衡量你的人生？》（*How Will You Measure Your Life?*）中說到，人生最後的量尺，是在「衡量你一生中，能讓多少生命過得更好！」

　　鄭家鐘在認同國際學者的論述中，讓人深思起人生的方向。誠如吳東亮肯定鄭家鐘，是帶著愛走進社會，有血有肉有溫度的人，展現他的熱情與理想。

　　回首來時路，原來，鄭家鐘在職場與人際關係上的成功關鍵（KSF）是他的熱情、溫度與愛。鄭家鐘心中有愛，不但在瞬息萬變的媒體工作上，叱吒風雲，回到

競爭激烈的企業集團，他依舊得心應手，以專業、誠懇，博得友誼與信任，在溝通中化解衝突對立，在專業中建立知識高度，在關愛中，贏得友誼，不只同儕友誼，還包括視他為千里馬的伯樂老闆，毫不猶豫把大舞台整個交到他手上，任他飛舞翻蹬，即興揮灑，發揮自己的潛能。

請不要再說「少小不讀書，長大當記者？」當了多年記者鄭家鐘，以行動證明，他很愛讀書，也很會讀書，兼差入了行，當了記者之後，更讓他快速吸收日夜精華，回饋的層面更多更廣，而且始終廣結善緣，蓄積充沛能量，編織起多采多姿人生路。

其實，當記者沒什麼不好，一樣可以飛黃騰達，受世人敬重。

鄭家鐘的人生火候，已經是無招之招，不管是站在舞台中央，還是退回初心原點，他動靜皆宜，既能談笑風生，也能韜光養晦，繼續用不同的路徑，展現他不同的火候，分享他的愛、熱情與生命風華。果然，知音滿天下，而且人見人誇。

我寫故我在

1

　　每天寫字，比吃三餐還習慣。二十一世紀，人家都說是用影像述說歷史的世紀，那麼，寫字的意義是什麼呢？

　　去國際書展聽謝佩霓主持的講座，內容是談台灣與香港出版的歷史，突然，噹地一聲，莊瑞琳說：現在香港的新聞自由沒有了，現場直播也走樣了，在這個時候，當今香港的現實反而要透過作品，由作家的文字折射出來。

　　折射。沒錯，文字是一種永恆的真相的折射！

　　她說書上的故事是舊的，但有人說給你聽，給了你更高層次的心理真實。

她這段話讓我釋懷了！

寫作的目的，是給讀者更高層次的心理真實。

人終會過去，文字卻能長存。

2

在網路世界，真實何處尋覓？

ChatGPT、AI 自動生成文本的流行，造成學生用它拿高分、亞馬遜有很多暢銷書由它參與寫作，乃至語音與文字、客服與答題，它都滿行的。智能文字產生器，將會到達無法分辨人與機器寫作之差異的境地。

那麼，作家的文字，代表了什麼？

它如何才能保證一種更高層次的心理真實？

你是否認同「時代的真實」不能在網路上找，而必須由人一筆一筆寫出來？人們的真正期待，是在書本、書本電子版？或是 NFT？

3

我寫故我在。寫作把世界拋向我的事物折射回去，其中包含我的真實經驗，透過我述說出來的是，真正影響我生活的「真實」。

好友李欣頻說得對：「即使是本小書，都不可忽視，它承載著的是幫助人的聖火！」

　　然後，我把這些心理真實，交給了你，親愛的讀者！

目錄

第一部分　缺乏意外，就沒有人生的point

第二部分　做為方法論的某某

缺乏意外，就沒有人生的 point

1

胡朝聖在臉書介紹雙方藝廊的展覽「關於我可能讓你意外的 point」，其沿用了 2022 年社群平台龍頭臉書所掀起的一波「關於我可能讓你很意外的 point」旋風，網友們紛紛列出自己不為人知的小祕密，許多藝人、網紅、政治人物，甚至品牌小編也跟上這股遊戲風潮，趁著這波話題熱度跟風一下。

循著這個概念，雙方藝廊會同四位藝術家——崔廣宇、陳萬仁、陳擎耀、黃海欣，以藝術家創作背後那些不為人知的細節、故事為展覽主軸。

同樣，這句話也讓我想到：「What's the point?」

2

人生如果都是「果如所料」，應該就是活到不知不覺裡面去了，順順走，只是通往死亡的直達車。

坂元裕二說：「人生有三種坡道：上坡道、下坡道、沒想到。」

我咀嚼許久，承認最好的坡道，就是「沒想到」！

2017 年我和林茨電子藝術中心主任 Marin 站在該中心的懸空飛船前面，一個龐然大物用鋼索懸空，給我很大刺激。What's the point? Point 就在讓該中心成為都市的地標！非常超乎想像才有非常的效果！

第 *1* 章

脈絡中的位置，讓我成爲我

作家朱嘉漢在導讀安妮‧艾諾（Annie Emoux）的小說《位置》（*La Place*）時說：

「安妮以一種可以指認的軌跡、角度及感受方式，描繪社會中個體的存在狀態。」

「我」，是我的軌跡，形塑我的一切。

「我的位置」，則決定風景，決定話語，決定了我的喜惡，也決定了想追求什麼？擺脫什麼？

包括我怎麼去說，怎麼思考。

朱嘉漢說得一針見血、無可迴避。

1

我的軌跡是被時代脈絡左右著。

上大學時，對岸在文革的尾聲，而台灣還在宣傳「反攻大陸」。

從小生活在隱隱約約的戰爭陰影中，留下的印記，讓夢想在自己的青春中沒有位置。不像同時代的文人藝術家那麼濃烈地追求，對我而言，在被制約的時代脈絡下，人命似乎只是待用及可犧牲的工具。

　　隨時隨地想著戰爭的人，何必去想明天？

　　大學前的青春其實很蒼白。

　　到了當兵服役、念研究所，理所當然的下一步是「出國念書」，這是當時一種標準答案，似乎一道制式的軌跡將延伸到未來……。

　　然而，意外出現了！

　　研究所時兼差打工，當時的《中國時報》招募籌備《工商時報》人員，兼差者的唯一選擇是晚上上班的編譯。然而，在報到時我竟被分發到採訪組當記者。

　　這個暫時的過渡，竟然成了我後來三十年的本業，「出國念書」則成了美麗的遺憾。

　　媒體的位置及歷練，決定了我的話語、價值觀，形塑往後怎麼說、怎麼寫及怎麼思考。

　　當時穿著白西裝褲、白襪白鞋活像日本黑社會老大的採訪主任，在報到時喊著我的名字，那一瞬間，命運開始轉軌，我來到一個完全沒有想到的人生。

1981 年，台灣經濟政策開始自由化，打響政策轉變的財經大辯論，人稱「王蔣大戰」。代表凱因斯學派以王作榮老師為代表的國內學界、產業界，與代表貨幣學派的歸國學人以蔣碩傑為首的財經六院士，在《中國時報》主辦的論壇上針鋒相對，就當時財經政策公開辯論，蔚為盛事。我當時以經濟學碩士恭逢其盛，如魚得水，機緣之下得以親炙學術界巨擘的風采，在適當的時間站對了位置，活用所學，並開拓了眼界。

2

　　1989 年，因應網路興起，成立時報資訊，我當上董事長。這家公司是國內第一批獲得加值網路執照的營運商，進行即時新聞及財經資料庫線上服務。我因之打開眼界，在財經專業外，又因時報資訊與日本經濟新聞資料庫中心展開多年互訪學習，觸角伸向網路，這可謂台灣網路業的先驅。

　　1995 年，中時網科成立，當時網路公司正在風口上，負責主持雅虎投資中時網科事宜，讓我見識到與美國大公司談判的戰略與戰術。在網路界本夢比的大潮

下，中網快速擴張，但好景不常，2000 年網路泡沫，我的人生一下子跌到谷底，裁員減薪度小月，但這一段低潮期彌足珍貴，爲接下來的挑戰打好心理基礎。

2002 年，《蘋果日報》進入台灣市場，爲迎戰媒體大亂鬥，我主動請纓回鍋《工商時報》，穩住專業報紙陣腳。當時老闆問我《工商時報》實質上還屬虧損，能轉虧爲盈嗎？我信心滿滿，認爲即使在下降型市場，只要成本下降得比市場快，還是可以獲利的。果眞不到一年，《工商時報》轉虧爲盈，且由於市場定位明確，一直盈餘迄今（2023 年），個中管理絕活甚多，讓我對經營有了自己的系統思維。

2007 年，我再度轉換跑道，進入電視市場，負責中天及中視兩家公司，在前人的基礎上力求突破，除了緊縮成本之外，更重要的是找出發展方向，試圖將原本的媒體業，轉型爲「媒體內容資產管理事業」。我觀察到中視投資的《大陸尋奇》對大陸銷售使用權（IP）非常賺錢，就知道未來不是新聞的時代，新聞帶來收視率吸引廣告的優勢，但終究會被網路侵蝕，因此擬取法 FOX、Discovery，以內容再製及 IP 授權做爲公司新定位，並引進國內媒資管理系統親自主持轉型，可

2007 年由平面媒體轉戰電視媒體，意外的不意外，拍了不成功的連續劇，但失敗中學到的比成功更多。沒有電視這個位置，就沒有機會理解後來的網路劇變。因為媒體的脈絡，才有機會看到視覺訊息如何影響社會。

惜 2008 年底集團突然易手，壯志未酬，我離開了長達三十年的媒體生涯。

我的媒體生涯可說是一生中最大的意外，但缺乏了這個意外，我或許也只是一個教授而已，不太可能由平面、網路到電視，完整體會媒體的興衰史，也不可能從中開拓眼界、累積關係及活絡思想。

3

那麼，What's the point ？

① 人生不是「打什麼、有什麼」，只能是「有什麼、打什麼」。

我憑藉一張經濟碩士小文憑，十年間由記者做到總編，從來不是在充裕安定的環境下工作，但每個時期都努力做到「兩超」──超越自己、超乎預期。有這兩超，只要勇往直前，辦法總會多於問題，讓自己夠用。

② 人人都可以讓自己夠用，即使你有的是那麼一點點，也會夠用。

2022 年孫知行在當代館門口廣場展出「螢幕上的迷你個展」，他的自述說：「我不是追求特別的人，滑鼠能做什麼，我就做什麼；螢幕與投影機能播什麼，我

就播什麼，我總是低頭看自己手上有什麼，並想想人生還能怎麼辦？」

　　再同意不過了！人生的各種位置，取決於機運、時代的脈絡，不過，你我總是可以用手頭上有的去奮力一搏！四十年前的我，完全就是孫知行的翻版啊！

第 **2** 章

每個事件都值得深究

　　每個事件為什麼都值得深究？因為事件不是憑空發生，它是一個終點也是起點，一種長期醞釀的位移，一種文化迷因的發酵。

1

　　2022 年十一月在關渡美術館巧遇郭昭蘭老師。

　　她跟謝牧岐共同策展「在前衛外圍的莘莘學子：從 1985 素描事件出發」。

　　這是怎樣的事件呢？其實是個美術系師生不想老是畫石膏像的事件，當時若干老師倡議素描不是臨摹石膏像練習，而應是自我觀照的藝術表現。這個倡議後來就枝繁葉茂成為一個潮流。郭昭蘭把當年老師們的繪畫與裝置的作品，到學生們一系列的創作變化，及現在的學

跟郭昭蘭（右）及策展方在「事件是一所學校」展場相遇，對當年的「從 1985 素描事件出發」，有了啟發。原來，別小看任何一個事件，它們都值得深究。

生如果回到那個事件的源頭——他們會如何創作？這些展品的呈現串接了北藝大由當年的素描革命，到持續演變的脈絡，一直到當下的再詮釋。

這成為一個既前瞻又回顧的「事件展覽」，也呼應了關渡展「事件是一所學校」的主題。

2

郭昭蘭在策展說明中說：「素描事件對我而言，無不投射著雙重的青年形象：一方面是以藝術抱負投身剛結束鄉土運動的台灣；另一方面則是相信單純藝術的實踐，便足以成就人生志業。莘莘學子的藝術自由與藝術理想性，已經是這裡每個師生兩代之間共同的橋梁。」

這意味著一個素描事件居然有這麼大的系列影響，甚至變成一個學校的學風資產，自然非常有意思。

有些事件只有回看，才能知道自己為什麼會在這個位置。

3

我也是被事件所影響才會到今天的位置。

1970 年的保釣運動，同時驚動了兩岸三地的青年。

當時高中生的我，本來是丙組，準備跟大家一樣考醫學系，畢業後想當醫生。

一直到某天受到保釣愛國熱潮影響，建中學生發起罷課，在集體起鬨下各班班代表齊集圖書館商議罷課的後續，身為班代的我也在其列。

當時處於戒嚴時期，罷工罷課形同造反，後果是非常嚴重的，更何況我們是在警備總部的鼻尖下鬧事？

迅即大批軍警包圍建中準備衝進來抓人，我們從窗戶望向門口，看到校長、老師與教官擋在門口理論，不讓軍警入校，這可是一種明顯的抵抗。同學們一方面覺得事態嚴峻，一方面危及老師，於是班代表們終止罷課，呼籲同學解散回到教室，在關鍵時刻弭平了這場風波。

事後，教官來到圖書館慷慨激昂地演說，直指現在優秀同學不是想當醫生就要當工程師，文法組變得冷門，想當年五四運動投入救亡圖存的都是文法科學生，同學如果愛國，應該要仿效五四，進入政治、社會、法律、經濟科系，別一窩蜂念甲丙組（工科及醫科）。

受到當時的刺激，一群班代集體轉到丁組，我也是其中之一。從此當不成醫生，最後當了記者。

4

　　保釣運動是個大事件，海內外風起雲湧，建中這個「罷課未遂」事件，是歷史洪流中的小插曲，但它確實影響我的一生。我當年的第一志願就是台大經濟系，以為「經濟」是「經世濟民」的縮寫（後來才知道是日本人將 Economics 翻譯成經濟的）。

　　我於是成為經濟系學生，然後意外進入媒體。回看這段歷史，感覺到人生參與的事件都有它非比尋常的意義。原來，每個事件都值得深究，其與今天自己的位置息息相關。

5

　　我在這件事的學習是：

　　① 此事促使我用三代以上的視角來看一些源頭性的事件。例如一群同學的集體跳轉，有些人從政，有些經商，有些是律師或立法委員，注定也會成為社會某些事件的源頭。

　　② 再如台灣的媒體發展史由戒嚴到解嚴，由壟斷到惡性競爭，由過去充當文化論戰旗手到現在深陷資訊

操控的場景，三代的媒體人堅持了什麼？這堅持能傳承下去嗎？還有當前媒體人的價值觀轉變等，都因爲事件們的因緣和合而來。若要理解現況，我們需要理解「每個事件都值得深究」這個道理。

6

1985 年的素描事件是教育事件，經過幾十年，總體的教育有提出什麼新方向嗎？有什麼事件可以推動教育轉型？尤其在 AI 時代？

7

一個運動起點是個小小事件，但一個事件變成一所學校，單純只是有人願意把它照料好發展下去而已。

因此，我對一個有意義的事件能夠踏出第一步，總是充滿了期待。

第 **3** 章

做好自己的文章

生命之弦，不能繃得太久

人生文章，要有逗點句點

小標文本，需要適當留白

在生活日常軌道中

習慣於出軌

走不同的路

闖進以往跳過的場所

感覺不同調性的咖啡

在非預期的角落轉彎

感覺就變得格外敏銳

不熟悉

所以五感全開

看到全部

不匆匆，陽光照在不同空間物體

都有了溫度

也雕出街廓的稜角

心有餘裕，體會才有層次

人才能稍微傾斜去看地平線

1

2020 年底，在高雄金馬賓館藝術館二樓，樓梯上方有一道上寬下窄的牆面，視覺效果使然，看起來好像向內傾斜。藝術家賴志盛在牆上寫了一行字：

「創作應該像這堵牆：保持傾斜。」

這一行字就是他的作品，有趣的是，居然有人問這件作品要怎麼收藏呢？

這個世界的意義是靠我們詮釋出來的。

如果你不是到這裡「參觀展覽」，而是路過，看到一面看起來好像向內傾斜的牆，你的反應可能是：「這真是很特別的建築啊！」

但賴志盛，用幾個字，就讓它有了不同的意義。

賴志盛的另一個作品是「滲透水痕的牆壁」，他用冷氣機的水管引流到牆壁隙縫，隨著時間的推移、重力的作用，水痕沿著隙縫往下慢慢發展，成為時間與重力交疊的顯像。

如果一般人看到這樣的牆，大概會說：「怎麼長壁癌了？」但藝術家卻把它變成了時間與重力的計量器，成為一個「活的作品」，每天都在變化中。

沒有時間的留白，滲水的牆就是品質出問題；沒有心理空間的留白，傾斜的牆肯定是設計出了問題。

人生要做好自己的文章，只有適度的留白，才看得見這個世界可以很有趣味！

2

湯皇珍是個能量發送體，在北師美術館台新藝術獎二十週年大展中，她是最「在場」的藝術家。

她在展覽期間坐在現場跟觀眾面對面的時間長達三十六天，等待觀眾當下跟她對話。

遇到藝術家又能直接對話，一定是福德之人，因為在一言一語間你的生命已被她轉動。

她有一次的對話是這樣：「如果你只知道肉身，你過的是一種生活；如果你還知道生命中心理以及情感的維度，你會活得更深刻；然而如果觸及生命本源，你整個生命之途就與這個包容一切、生生不息的宇宙能量應和，並合一而行，全力發揮人之創造力！」

台新藝術獎 20 週年大展在北師美術館，藝術家湯皇珍在現場與觀眾面對面達 36 天，與觀眾當下對話，讓我感到自己的文章要有高度是什麼意思。

我聽了非常有共鳴，同樣一天，你我在過哪種層次的生活？你的觀察、談吐，又是在那個維度？你怎麼看待自己與別人、自己與世界、自己與宇宙，以及自己與自己呢？湯皇珍無論用鐘擺、唸書或集體動作，都意在敲醒沉睡的靈魂，再度與生命的最內核接軌。

　　要做好自己的文章，先要讓自己感受的層次，跟著湯皇珍的引導走。

第 **4** 章

找到人生的參考點

人以為自己是獨立過活的，其實不然。

會活成怎樣？完全要看你用了什麼參考點，無論有意的還是無意的。

1

藝術家到底都是怎麼較勁的？尤其在大師輩出的時代？他們是怎樣互為參考點的？

2022 年 9 月 20 日開展的「偶像與對手們」，位在維也納藝術史博物館，我碰巧開幕當天就在維也納，當然不會錯過！

這個展有很多未見過的名畫，重點在文藝復興之後畫家與雕塑家的「比賽」。

較勁之中，明的有競賽，如贊助者出題的比稿；暗

的則有偷學、模仿、嫉妒及詆毀，甚至還涉及謀害，真是驚心啊！

這個展，把當時被模仿最多的米開朗基羅的後繼者如何用同樣的元素進行較勁，及相同主題如暴風雨或神話特洛伊，如何有不同技法角度及背後的思想，甚至雕塑與繪畫的較勁，怎樣在平面模仿雕塑，及雕塑做成類平面？把這些作品一一並列，讓觀者比較，探索藝術作品後面人的較勁方式！

2

重點在於：就算一個人看很多文藝復興展覽，還從來沒有機會如此完整系統地比較過，透過這樣，才知道很多彼此想超越對手的企圖與手法。

互為參考點是這一個時期大師輩出的原因，這形成一種共振效應。由此也可知道，人並非是獨立形塑自己的樣態的。同時期有很多才華出眾的人，跟你在同一行業或圈子，成為你的參考點，是非常重要的。

3

我剛畢業的時候，進入職場，參考點是我的第一個

老闆余紀忠董事長，他是影響我一生的人。

記得那時我常跟著一群年輕主管，蒙他於住家客廳召見，交換對時局與時事的看法。

他是一個最懂「行不言之教」的長者，他「做自己所說、說自己所做」，本身就是一個標準。

更厲害的是，余先生客廳那幅對聯「鐵肩擔道義，辣手著文章」，更是經常居高臨下地俯視著我們。

這成為我在媒體工作上的參考點。

「鐵肩擔道義」這五個字就是仗義直言，要常站到當權者的對立面，也因此，高官巨賈只有提防，不會交心。「辣手著文章」五個字，就是寫文章直指要害不留情面，下手甚重，於是商場鮮有戰友，人人保持距離。

以這樣的參考點行事，留下的，只能是一份知識分子的傲骨，當然留不下名利與財富。由此可見人生的際遇，跟自身的參考點大有關係。

4

這十幾年來，因為工作的關係，藝術家常是我的參考點。

2022 年，由龔卓軍領銜策展的「曾文溪的一千個

名字」，讓我完整了自己的「參考點」。

他對藝術的看法是以田野實踐為開始，依靠身體性去構思，最後達到高度整合的思想、意象與土地接軌，他本身就是一個長期行走的藝術過程！

我在他身上看到自己的原形：

① 身體性的實踐。康德「崇高經驗」（sublime），來自無法在感覺（sensation）與感受（affection）上定位的身體實踐，崇高是一種不可說、無可名狀的經驗狀態。我看到龔卓軍在此展中的反覆身體經歷，疊升了崇高的經驗狀態。

我自己有經歷過這種狀況，一輩子成為支撐自己的脊梁！那就是「居然自己是這麼願意為團隊拚下去的人！」有呼應到身體性。

② 過程的孤獨應對的狀態。龔卓軍在這個展的田調中遭遇迷路及不少危險，常須面對無所依靠的時刻，就如莫里思·布朗修（Maurice Blanchot）《黑暗托馬》（*Thomas L'obscur*）裡的主角，游出習慣海域，陷入四顧茫茫的狀態。

這種狀態我也有過，當兵時在澎湖蒔裡海邊游泳，因為退潮，一下子人就被帶離岸邊，海岸線消失，四周

龔卓軍「曾文溪的一千個名字」，用行走踏查進行身體性實踐，讓我見識了
集體與身體的關係，成為自己行動的參考點。

都是水域，我迷失了方向，陷入波浪中。這種集求生、恐懼、理性於一身的狀態是難以形容的，後來靠著天黑後島上反射的燈光努力游上岸，才撿回一命。

③ 以我體驗代替我思考。曾文溪這個策展注重現地創作、現地取材，這種過程叫「我體驗」，而這個體驗，又非一般五感所能描述，非視覺、聽覺、觸覺、嗅覺、味覺，而處於龔卓軍所說「單純攝受」（apprehension）的狀態，龔說這樣特異的身體經驗在根本上卽與知性、知識狀態遙遙相對，成爲無法化爲知識生產的異樣他者。

我覺得這樣的他者正是行動的智慧！

由於這些連接點，龔卓軍的個人經歷，便不再是藝術家的創作過程，而是我生命中的參考範本。

5

人爲什麼會活成這樣？除了客觀環境外，大部分的發展都來自於自己選擇了什麼參考點？

於是，每個階段的你，因爲參考點的不同，你就會活成現在的樣子。

第 5 章

到底，有沒有人喊你？

在體育場跑步，常會有意外的感悟。

晨跑時兩位老太太的對話：

「你家住哪裡？」

「爲什麼要問我住哪裡？」

「因爲如果我知道你住哪裡，我就可以去妳家喊你出來一起運動啊！」

聽到這樣的對話，我開竅了！

原來，這個世界有人願意跟你同行、有人會招呼你，是要讓你走得出來，不陷入自己的舒適圈。

1

回想起來，人生每一次的突破都是因爲有人喊我。

如果一個人不想被找到，那他人根本無從喊你、引導你，你將會是孤獨的人，孤獨不但寂寞還會造成生活

停滯不前，生命逐漸萎縮。

欲擺脫困境，就需要有人喊你。

2

我也是被喊過的人，2017 年我飛到北京聽李欣頻的一場演講，爆滿的會場全是她的粉絲。李欣頻滔滔不絕分享她的旅行所見、看電影及自修的體會，質量極高，台下如痴如醉，然後講完她就很酷地消失了。我當天在雪地裡找地方折騰半天又沒吃東西，又冷又餓，但聽完她的演講精神大振、頗為感動。這是我跟她的第一次接觸，隨後我就一直關注她的相關動態。

後來由網路上得知她跟林書民組織了一個「十年一次歐洲四大展」參觀團，她喊我一起參加，我就熱呼呼地隨團出發。全團只有兩位台灣團員，而我年紀最大，是爸爸級的人士。

這次看展團開啟了我對藝術展的濃厚興趣。一路上有威尼斯、林茨、卡塞爾、明斯特四大展，在李欣頻及林書民獨到的見解驅動下，我逐漸洞察了看展的奧義。

李欣頻的「看」跟「說」很具突破性，跟個人生命強烈連結的總總，經轉化成為生命教育的內容。

她讓我的看跟聽都直接上了感受的高速公路，再也不塞車。這種打開與打通，導致後來的我有展必看，有看必有心得的新局面，原來我被她「開光」了！

3

這趟行程，林書民及李欣頻輪番解說，彼此角度互補呼應，讓我學習到「藝術怎麼看」的新角度。

原來，看藝術作品不是指向物件，而是指向自己。

在展場，導覽員很少解說作品，只是提示我應該看到的地方，及展品與展品的關聯所在，當我問：「到底藝術家要表達什麼？」得到的答案往往是微笑回問：「你覺得是什麼呢？」或「你看到了什麼？」

4

這次的歐洲四大展，我做了摘要：

① 明斯特十年雕塑展，雕塑長久，經得起十年一次的檢驗。1977 年引起爭議的作品還在，用四十年的跨度來看，當時被批評到體無完膚的作品，是今天的新常態。時間證明一切。

它提醒我們：今天爭議不斷的當代藝術，四十年以

2017 年李欣頻喊我參加歐洲四大展參觀團，讓我有機會現場觀摩她和林書民的解說，深刻體會藝術作品不在理解它說什麼，而在發現它對我說什麼。她的引導開通透入藝術展的門戶，從此我愛上看展！

後，也許是另一個稀鬆平常的生活樣態。

如果我們對當下的不理解，能有四十年的長度與寬容，也許人生就有不同境界。

② 卡塞爾五年展，讓我反思生命，一年太短，不能爭朝夕。五年是比較有深度的時段，能讓事件累積夠多，災難持續延伸，機會漸漸浮現。

希臘這五年經濟慘淡，但做為西歐難民潮的第一線又是人性善惡拔河的前沿，累積夠多不幸，有了足夠重量，反思就更有力量。「向希臘致敬」，一方面對文藝復興的源頭致敬，另一方面也是為新一輪文化覺醒開路。難民、法西斯、排外，種族主義正在歐洲進行善惡拔河，卡塞爾是個檢驗點。

③ 威尼斯雙年展是藝術競技場，來自三十幾個國家的藝術家爭妍鬥麗，給世界打開視窗看見靈魂。

「藝術萬歲」把主角交回給「人性」，以人的觀點審視世界的貪嗔痴慢疑，並做出如「綠光」的回應，如史詩的策展，非常切入現在的世界。唯獨人性，讓地球得以倖存。

④ 一年一度的林茨電子藝術節，呼應科技的快速躍進，「AI：另一個我」這個主題前瞻未來，透過電子，

腦神經科學、大數據及生物科技的前沿應用，機器人更具人性，人類更具神力，但人類的心好與壞，影響自己的生存更大，由智人進入神人，既是機會更是危機。此次展示把人類駕馭自然的能力，由可見進入不可見，也把人類運用自身的方式，由顯意識進入潛意識。

5

如果把四大展合起來看，空間成為多重，時間尺度丈量方式伸縮自如，鏡像世界同時關照內外宇宙，世界面向穿梭歷史、現在、未來，感受方式超越眼耳鼻舌身意，每個細胞都可對宇宙做出回應。

因為這樣的看展經驗及感受系統的升級，使我的看和聽有了不同的取角與層次，那成了我瘋狂看展的濫觴。

6

有人喊你，你願意被喊，你的感受、你的未來，都在那一喊後有了戲劇性的演化。

有人喊你，是種幸福。

有人喊你，把你拉出自己的舒適空間。

有人喊你，讓你恢復探求未知的野性。

有人喊你，才有機會進化你對世界的感知。

到底，現在還有人喊你嗎？

第6章

既存的一切都需要破解

　　一切有意義的進展，都是破底線的。

　　底線破了以後，還會有底線的；

　　不斷地破下去，最後會遇到空性；

　　但空不是沒有，是空中妙有。

1

　　2022 年底，我認識到連強大的服裝時尚產業，也有人是用破解的逆思考來創造自己的「唯一性」，那就是日本設計師皆川明。

　　因爲高美館展出「待續」皆川明大展，我得以數度近距離看到皆川明本人及其團隊，他可說是破解的大師。

　　創立二十七年，已成爲時尚界的關鍵品牌，minä

perhonen 以 minä 爲開頭，而非像很多歐洲名牌以人名爲品牌，皆川明解釋，如果要建立一個百年企業，應該不僅限於一代的設計師，因此用 minä（我），可以涵蓋不同的設計師。同時，「我」也是代表衣服屬於個別擁有者的意思。

有些知名服裝品牌往往用創辦人名字做爲品牌，代表他的經典傳奇，但皆川明則破了自己，要給後續接棒人超越及自主的機會，因此品牌用了「我與蝴蝶」。

皆川明的思考有很多地方與衆不同。

2

他顚覆了所有西方的時尚哲學、西方行銷所重視的潮流──季節、外顯的炫耀性、用外在拚自己的身分及社會地位，時尚秀、年分、換季、名人代言，要的就是撐起來的「地位感」及「流行風」這樣的消費者追逐社會風向，拚命站到流行的風口。

然而皆川明的時尚是剛好顚倒，他強調的是低調、舒服、質感，跟消費者形成共同記憶，因此不參加時裝秀、不換季，強調與擁有者心意相通、穿了會快樂的路線，因爲轉而向內，設計的思想完全不同。

3

他顛覆了時尚業開店的常規。皆川明有十餘家自己的服裝店，消費者對這些店的第一個反應常是：「好難找！」第二個反應：「這是服裝店嗎？」原因在於這些店都在巷弄的老建築裡。

皆川明認為老建築也有它的記憶，如何整理空間突顯它記憶的痕跡才是重點。因此內在物的擺設完全是以跟老屋的性格融合為考量，店面沒有明顯的招牌，也非一般服飾店的擺設，又不選擇大馬路的店面，完全一副讓你不經意路過卻會被吸引進來的姿態。難怪顧客會說：「這是服裝店嗎？」

他說：「顧客到店裡那段幽然小道的行經，也是記憶的一部分。」包容環境的立店想法，把產品觀延伸到人的經驗空間。

如此的開店哲學，恐怕你會擔心「倒店」吧？不過，由前一點你就知道他在尋找的消費者，絕非盲目追求性價比的那種潮時尚客戶。對外低調不張揚、對自己內在追求幸福感的，才是他持久專一的市場。

4

　　皆川明顛覆了追求最大利益的商業常規，企業是以心轉境的道場，老闆具備怎樣的真實信念且徹底灌注到一言一行，就會是「起心動念」的結果。自然界的規律是因果論，但有人類意識介入的領域（企業也是）則通常是果因論，也就是今天的結果是眾多原因中某個原因的效度實現了，結果選擇原因，不是原因決定結果。

　　因此回看皆川明，我們才來重新審視有這種結果的原因。

　　① 他很相信自己的做法是為了提供人們長期的內在快樂，所以全力為之，由設計到生產都是永續共樂地執行。不是共利這種物質主義的想法，而是共樂，參與的人包含製造者、使用者、員工都感到快樂。產品連結的是傳遞幸福、內化有質感的人生品味。

　　② 他說「永續」必須讓製造者、消費者和員工都從中感到快樂才能持久，因此他努力的方向是要讓製造者與設計者平起平坐，不是哪裡生產成本少就往哪裡下單。這樣雙方才能相互感到快樂，也才會有快樂的消費者。皆川明說，在淡季的時候，便會委託工匠製作高難度、高價位的蕾絲，讓他們能夠一直有持續的收入。這

樣關心別人的老闆，是因爲具有共樂的理念。

5

他強調善意的細節才是有感情的服裝，才能傳遞幸福與自我滿足。皆川明的服飾製品，絕非表面大家常做的好看，它是一種「善意細節」堆疊的巧思，讓穿他衣服的人能有外在所不知道的個人連結，總之它不是工業製品的表裡如一，它是刻意的表裡不一。讓擁有者擁有自己，才能感受到自身存在感。

例如爲哀悼戰爭及不放棄希望，其迷彩布會隱藏著綻放的花朵，尤其是由內面看花朵更明顯，當你穿在身上會感受到一種希望和平的外表下，蘊藏著花朵再生的渴望。

再例如藍黃線雜亂交錯的布料外表，內裡卻是排列整齊的藍黃線，象徵世界再亂，最接近我的衣服內面，卻能許我一個井然有序、有希望的未來。

這些只有消費者才知道的彩蛋，不會外露嚷嚷，而是沉默地貼近服裝的主人。

這種設計邏輯，跟那些時尙的、給人平面上的美感，卻缺乏內在生命連結的東西，也是截然不同的。

6

他考究品質的深度超乎想像。光是布匹上織的圓圈，由原稿手繪到設計草圖，即便只是一個圓圈，構成圓周邊的每個點，形狀也不一樣。他說，這個世界是由不同的個體共同組成，即便是圓，也是如此。

皆川明的設計由草圖開始就一直在經營感情的沉澱，他是素描大師，每一個設計都由手繪稿開始，再往表現端延伸；先有意境，再醞釀表現形式，最後以達人精神進行製造。每個細節都有故事。

統攝這些最核心的是，皆川明的人生哲學。

他說人生「與其浪費時間在多個選擇的取捨，不如做好選擇然後灌注生命去經營跟它的深度感情，當你愈投入它，它就會愈是你的最佳選擇。」

這點也給我很大的啟發：「與其聰明地計較，不如一門深入地做！」

7

他的哲學表現在他的自身，就是對自己的設計專注於故事中的感情，走深層感受的路線。

其次，是他的這句話：「做不到！」

真是一個令人興奮的詞句，像是被催著去展開一場冒險般讓我情緒高漲！這就是他面對挑戰的態度。

能夠專注於自己的想定、排除困難、深入細節到完成，就是他的風格。

因此當有聽眾問到：「你做這些相當複雜的織物設計有沒有失敗的狀況？」

他的答覆是：「所有的設計，在技術上都是可以完成的，問題是它的成品是否符合所需要的質感、功能與美學的標準？如果不能達到要求，我就會繼續修正，即使誤了發布時間，還是要繼續改善直到符合標準為止。」

我從中看到一個「沒有不可能，只要肯修正」的人生！

8

職人精神的天空。

皆川明展覽的另一個主體「空」（天空）是一個年表，由創社的 1995 年，一直用事件標示到 2022 年，然後延伸到 2095 年，意指要創造一百年的品牌，在 2095

2022 高美館的皆川明大展，我看到一個人如何由競爭劇烈的時尚業，以逆向
行駛的方式破解時尚業的成功奧妙。我看到人生是來破解的，不是來追隨的。

年的那個時間點上寫著「類比+技術」：類比技術製造，邁向下個一百年。

在座談時他特別說明，未來的人工智慧或許可用於把全世界的職人串聯起來，透過大家的協作來把職人的技藝與精神藉由 AI 傳遞下去，這說明了他的「類比技術製造」，不是用數位科技來取代人力，而是加強類比世界的連結與傳承。

也許這跟一般人的科技想像有很大不同吧！

9

繪畫的本質。

皆川明不僅是織品設計師，他也從事繪畫、寫作的創作，2016 年起他開始為《朝日新聞》繪製每週一次的週日所思自傳式文章的插圖，迄今仍持續中；也曾替日本經濟新聞川上弘美的長篇連載小說《去森林吧！》繪製了 332 幅插圖，這次有展出。我覺得插圖是非常重要的想像工具，介於靈魂與人間的中間，看他的插圖就可以感受到他經過細膩修整的感情。

繪畫是一種精神性的統整表達，我愈來愈覺得一位感情設計師必然是一個愛畫畫及素描的人。

10

　總之，皆川明這個以「待續」為主題的 27 年回顧展，是美好生活的一個待續篇章，充滿對未來的想望。大展的主視覺是由日本知名平面設計師葛西薰（Kaoru Kasai）擔任。他說，這個簡單乾淨的設計總共有幾十個版本。每個版本的細微差異，葛西薰都可以說出不同的感覺，其視覺敏感度令人讚嘆，因此團隊非常尊重設計者的選擇。

　我覺得能細微分辨每個微小差異的不同感覺，也是他善意的細節體現。

　皆川明不斷破解市場上的既定規則，循著自己善意的細節、快樂的每一方，及永續傳承的理念，他構建了一套精細而有侘寂美學的時尚風格。

11

　皆川明的故事給我很大的震撼，也就是人生應該是在一條不斷破解現狀、重組世界的道路上。無論從個人生命、事業發展，到社會永續，不去破解掃平路障，就往往會停滯不前。

因此，當我看到一些看似明顯的答案，我都要反過來再思考：也許，它只是用來阻止我破解的陷阱。

讓我們隨時由別人的逆思考，來破解自己，因為，自己很難破解自己。

第7章

每個人都是深不可測的

一個小故事。

一位媽媽約好朋友打麻將，興沖沖正要出門時突然接到閨蜜的急電，閨蜜出了車禍需要她到醫院幫忙。

她正在焦慮，要怎麼辦？小女兒聽到了，推門進來說：What are friends for?

當下敲醒了她，馬上取消麻將趕到醫院去了。

1

我們一生中，經常因為一個人、一句話或一個動作，產生一生的位移。

因此，每次的相遇都非同小可，每個人都是深不可測的！即使是一個小孩的話，都會推動大人。位移無所不在。

張雅筑說：「人的一生是由一連串的事件組成，我們透過創造事件參與了彼此的生命。」我要加上一句：「在其中你會碰到的人，每個人都是你的老師，只要學生準備好了，老師就出現了。」

2

我的論文指導教授麥朝成老師，他說過一句話：「一個人如果能用一輩子過兩輩子的生命，爲何不試試呢？」讓我這一生改觀。

我念研究所時還兼差做記者，按照當時的規定，學校是不希望學生兼差的，更何況我兼的差又是正職工作，還常常需要採訪自己學校的老師，因此，這樣的狀態很困擾我。尤其註冊時，常會被問到有沒有兼差？

我去問麥老師，他的回答就是：「何不試試看呢？」他又補了一句：「如果眞的做不下去，頂多退回一輩子，也沒有什麼損失啊！」

老師的話鼓勵了我，我想盡辦法，半工半讀，順利畢業。從此以後，只要有人給我兼差的工作我都照單全收，無論有沒有報酬，反正就是抱著要比人多過一輩子這樣的概念！

印象中做到總編輯以後，很少不是一個人兼好幾個工作的。

業務總經理同時管發行廣告，電視台同時管中天中視，到現在同時管三個基金會，反正就是盡量試。

我管過的工作真的很多，平面、網路、電視都管過，編務、業務、印務、資訊、建築都管過。

就因為麥老師在那個時間點的一句話，成就了我的職場生涯。世界真是想法的實驗室。

3

這個故事後面還有故事，事隔幾十年後，有次聚會我問麥老師：「老師，你改變了我的一生，可是當時你為什麼會對我那樣說呢？」

他微笑：「我自己念研究所時也在銀行兼差做研究助理，當時我的老師非常反對兼差，我只能偷偷摸摸做，可是有次老師參加銀行的會議，看到我坐在角落，就找我去要我兩件事選一個，工作？或念書？」

「我跟找我去的銀行主管說，可能必須得辭掉工作，他想了一下告訴我，這樣好了，你先留職停薪，等你畢業了再回來工作。」

麥老師說，因為他受到人家的成全，所以看到我就像看到自己年輕的樣子。

　　我聽完，明白了一件事：一個人因為有別人的成全，一定會去成全別人。成全是會遺傳的。

　　直到今天，假若有人來問我斜槓的問題，我的答案一定是：「何不試試用一輩子過兩輩子呢？頂多退回一輩子，有何損失？」

4

　　人由「自我感覺良好」前往「不得不惶恐的彼岸」，問題就在於能不能看到事物背後的生命真義，必須來自「費力索求不為人知的層面」這樣的動機。

　　任何一事一物，只要鑽進去都會發現四個字：深。不。可。測。

　　一道菜，會讓人流淚，是有無窮層次的，《深夜食堂》這膾炙人口的電視劇，講的是食材、做菜？還是食材與人材？孤獨的深夜客人代表了材質的投射。材質，做為觀察的視角，它的含義及用法是開放的。

　　「美食六要」為「色香味意形器」，一塊滷肉經四十八小時的熬煮，還要緩緩加水才能去油，醬料也要

層層淋泡才有晶瑩硃紅，味醇肉甘是「意」，方正合度是「形」，長盤雙翹是「器」。工藝、手藝，或可品風姿，或可美吾覺，見微知著，方知別有洞天。

一塊肉尚且如此，一個廚師就更深不可測了。

5

人生的啟示：

① 你無意中碰到的人、聽到的一句話，都可能是你一生改變的開始。

② 當你不了解一個人時，你應該更加小心，因為每個人都是深不可測的。

第二部分

做爲方法論的某某

「我以雕塑做爲我的方法，來使用於各種媒材構建我心中的藝術。」──涂維政

1

涂維政是個非常特別的藝術家，他看待雕塑，不是用來做作品，而是一個具有三個向度的創作方法。其一是時間向度，是對於過去歷史或傳說，以及延伸到未來的思考。

其二是現地採擷，對創作地點發掘文本或物件，形成事件再進行虛構。

其三是向內挖掘，屬於空間與人體的向度。

2

涂維政的作品多數是假的卻像眞的，用雕塑做出一些事實上不存在的仿古物。

他的「方舟博物館」、「卜湳文明遺跡」、「巨人巨獸遺址──義村遺址」，都是參考文獻中的神話傳說，以 3D 列印製作骨骸化石，形塑假想中實際不存在的考古現場與遺跡文物。

3

他利用雕塑這個工具，進行了意構的敘事。他說：「我將自我變成一個體制操作，在作品中包辦了藝術生產、策展、行銷等角色，在作品中我仿若考古學家、策展人、藝術行政、導覽志工、藝術品販賣商及美術館典藏專員。」

4

在卜湳文明當中，他虛構出本土的遠古文明，而且有遺址坑、碑石、古器物；他同時也為這個「遺址」創作虛構的文明史、器物形制、符號系統，並杜撰其歷史故事。

5

他用真假難辨的假象，來顛覆民眾習以為常的認知。在涂維政心中，雕塑是方法，觀念藝術才是作品。

6

做為方法論的「某某」，雕塑是那個某某之一。憑藉一個「可以操作的動詞」，人人都可以擁有獨特的方法論。

涂維政是我看過藝術家中最厲行雕塑做為一種方法論的人。透過他，我認知
各行各業的技藝只要當做一種方法論，就開啟了廣大的應用空間。

第1章

做為方法論的旅行

艾倫‧狄波頓（Alain de Botton）在《旅行的藝術》（*The Art of Travel*）中寫道：「如果人生不是追求快樂汲汲營營，或許沒有幾件事能顯現這種追求的動力、熱切及弔詭，旅行就是其中之最！」

1

旅行不是用老的眼睛看新的風景，旅行是打開自己的感知系統，進行生命版本的更新。

旅行像獵人，憑直覺反應意外的事件，具有喚起潛在的敏銳度功用，讓生活充滿不確定，從而使人變得敏銳。

2

旅行像盲目約會，你無法預測碰到什麼人、說什麼

話，但你會很快看到對方在意什麼？因為你必須有適當的對應態度。

旅行，就是這樣成為我重新開始的方法。

3

2022 年我當了背包客，獨自去參觀歐洲三個展覽。

為了確保行程順利，我給祕書制定了規格：

① 長途航線坐商務艙，但轉機等候時間不拘，這樣會有較好的票價。至於短途航線，可選擇經濟艙或高速鐵路。

② 飯店不需豪華，但地點要鄰近主展區，步行二十分鐘內或有捷運直達。

③ 飯店要有豐富早餐、免費 Wi-Fi 及供應飲用水。

④ 如果條件相仿，以新飯店優先。

⑤ 機場及車站有到飯店的捷運，捷運出口到飯店需走路可到（非常近）。

這樣的規格完全是為了配合參觀展覽的需要，因為任何觀展常客都知道，「時間」永遠是展期中的最大限制。

將旅行視為一種生活規劃的方法，是一件很有趣的事。

① 出國十六天難免要帶大件行李，一個人提大行李奔波，要把這種可能性降到最低。所有規劃的第一考量就是減少不便，畢竟年紀大，怕閃到腰！

② 歐洲的展覽十點開始，下午五點打烊，唯一能好好吃飯的，只有早餐。中餐通常沒時間吃，因為太耽誤看展的時間，而經過七小時的站立，晚上只想泡腳，通常不會一個人吃大餐。所以早餐是重點。

③ 長途航班對獨自旅行，轉機時間長短不重要，省錢第一。

④ 盡量節省到展場的交通時間，以免浪費。

⑤ 歐洲飯店新舊差異在於床、衛浴設備，這對我是重要的。

4

不同的旅行有不同的規劃方法，對於把旅行視作「人生版本更新」的旅客，會在解決基本問題的理性下去享受可能的意外。例如，沒想到德鐵會嚴重誤點，因此多逛了慕尼黑，並且經歷了困難的改票，站務人員還給我一個不存在的座位！很像哈利波特情節。

在卡塞爾天候劇變，下午五點又是風又是雨，由於

2022 年，一個人到歐洲當背包客，參觀卡塞爾文獻展後，到車站搭火車。這趟旅行充分讓我得以打開旅行是一種心智重整的方法。

沒吃中餐，穿得又薄，我冷到發抖。偏偏咖啡廳都五點就打烊了，連躲的地方也沒有，只好靠在屋角啃麵包以便恢復體力走回飯店，一位遊民甚至同情地看著我說：「需要幫忙嗎？」

在威尼斯住了一間老到沒電梯的飯店，因為沒有窗景我堅持要換房間，但帶著行李爬樓梯並非我所能，於是要求飯店幫我提行李。

這三個小插曲，都拓寬了自己解決問題的想像力。

對我來說，旅行，是重新整理自己、喚醒過去一個人獨立生存的行為，與充滿機智的生活溝通。

5

旅行又是一種看到什麼是文化修為的方法。

2016 年由日本回來，我寫了一篇感想：「不到湯布院，不知日子可以過得多好；不到無量塔，不知道什麼叫到處都可學。」

6

在無量塔，看到「物之表徵、備用、可用與用的方式」。

因為，它對「物」的理解非常用心。

例如早餐，明明是在同一場所，但每天所有住客都在不同房間用餐。透過隔間提供不同的空間感，這種細膩帶給大家非常回味的感受。用空間進行「無言的對話」，真是「大音希聲」。

什麼叫場所？是有事情在發生的「特定場域」。它不是「地方」，也不一定是處所。因此，一個溫馨有壁爐有熱茶的談話室，就具有對事情發生的期待，這是場所。而你我也一看就懂「即將可能發生」的事情。

無量塔每個角落都有椅子，各式各樣的椅子。椅子既是表徵，又是備用。

表徵是提醒客人多歇歇，慢一點。

備用則是滿足你我想坐下就有得坐的不時之需。

無量塔對物的可用，是有邀請的「待」（以逸待勞的待），而不是消極的「等」。

禮物店內的談話室，即使賣店已關門，談話室依然開放。如果你坐下來，店員會悄悄出現，幫你更換熱水與熱咖啡。這表示，那個空間有對人的「待」。

物的最大使用就是它附屬的美術館。

當時正在展出音符創作展，不大的面積，只展出有

限的作品，卻有著舒服的沙發與裝置作品。其實，它的邀約就是期待大家輕鬆看，更特別的是美術館設有播音室可錄製廣播節目。門口則有非常舒服的咖啡廳，落地窗外就是紅葉與遠處山脈。陽光灑進來時，每個人就像畫一般！

整體上，這個與泡湯無關的小美術館，是一種「物的運用方式」，讓老式建築群增加了多樣化及現代感，也悄悄區隔了同樣老派的溫泉旅館。

這不但可增加本身的居住豐富感，也造就了它與市場的區隔。

7

無量塔擅長畫龍點睛式的空間營造，曲徑通幽的別莊，或許只是自然形成，但拉出些距離卻又不太遠，也是物件使用好發揮之處。四季的外在景觀變化，就因為客人餐食間「必須經過」的因素而有了裝飾效果。不論細雨綿綿、楓紅蓋地或枯樹殘葉，都可以引發不同的感受。以大自然為用之物，跟人呼應。

在我的藝術研究中，「物對境」（即以巧妙的物件引發人內心自我透射的境象）是最常見的創意手法，這

點，它做到了，這個山莊的主人應該是把物用到極致的無可救藥的熱情創作者！

8

日本與台灣飯店的使用方式不同。

同樣水平的硬體設備，台灣的觀念是「消費」，日本的觀念是「積累」。持消費觀的飯店管理方式會把物用到「不能用」，讓它消耗掉再換，於是房子慢慢老舊，非常明顯。但日本持積累觀念，新房子一開始沒有什麼特別，但它會一直開發「以形造勢」的增長點，一點一滴優化物的價值，因此百年老店都是很值得期待的，這正是日本與台灣對「物」在思路上的分歧點。

旅行，做為一種方法論，讓我對文化修為拓寬了眼界，也體認東西方管理思路的差異。

9

人在熟悉的環境，往往活得不知不覺，不再有進化的動機，但旅行讓人打開新的視窗，讓人注意到什麼叫做「潤物細無聲」。

第2章

做爲方法論的看展

「我們注視的，從來不只是事物本身，我們注視的永遠是事物與我們之間的關係。」

——約翰 · 伯格（John Berger）

1

觀看，意味著我們的視線不斷搜尋、不斷移動，不斷在它的周圍抓住些什麼，不斷構建出當下呈現在我們眼前的景像。

如果我們可以看見山丘，我們便假設從山丘那邊也可以看見我們。這叫對象與我互看，互相建立關係。

做爲一種方法論，觀看展覽是建構自己看的能力的最好練習。

怎麼練習看呢？一般人並不是自然就會看，如果沒有一些有意識的架構，很難突穿表面去看到裡面的東西。

2

① 設法看進去，別看過去！駐足足夠時間，是看的基本功。現在的觀展者因爲有智慧手機，往往仰仗匆忙拍照來做紀錄，這樣做犯的錯是「站得不夠久」！

我在明斯特雕塑展，看到一個文獻展，這個展在明斯特藝術館二樓，很多人沒注意到。他是藝術館委託製作的專案，藝術家選定明斯特二十處空地，擺上一輛 BMW 小型休旅車，拍下照片。自 1977 年，每隔十年拍一次，你就可以看見「空間消失」的歷史，每隔十年，就有若干空間成爲建築物，再也擺不下那部小巧的車子。

用車子的位置來記載城市變遷，一做就是四十年，歐洲人用時間來自然形成城市雕塑，也眞有耐性啊！這或許可說是城市的時間雕塑。

看這個作品你眞的要花點時間一一瀏覽，看過去，拍拍照是完全不管用的。

② 努力思考展品跟自己是否能有共鳴？跟生活有掛勾嗎？有信而有徵的精神連結嗎？

這些問題一定要邊看邊建立連結。

例如，怎樣使用你的眼睛？第一個倡議者是看不見的海倫‧凱勒（Helen Keller），她憑觸覺看見樹葉對稱之美，感受花瓣。

　　黑暗對你的連結可以是這樣：漆黑一片增加看到光明的敏銳度，一片死寂中可聽到最細微的聲音。

　　③ 用非日常的角度去理解。邱志杰主張藝術是種狀態，「藝術態」是介於正常與反常的中間態，做為藝術高下的檢驗，訴諸效果比訴諸意思有更大的公共性，經典作品就是那些在「最大時空的範圍內生效」的作品。這無關作品的表現方式與氣質上的智巧拙樸、沉鬱輕盈，只關乎一件事，那就是人們的想像力在其中獲得釋放的程度。

　　這告訴我們看藝術的角度，就是要擺脫直接、擺脫日常的「生活操作」，才能找到想像空間。

3

　　徐秀美在忠孝敦化南路口分隔島設計一座鳥籠，籠子很巨大，中間有隻鳥，這個籠子空隙太大關不住鳥，但鳥在籠中，區隔了外在與內在，彷彿邀請大家進入又刻意保持距離。

這樣看，它就不是日常的鳥籠，而是隱喻人的狀態，其象徵人們既想保有安全又害怕孤立、既要有自己的空間又想與別人有連結的心理。

4

2023 年卡塞爾文獻展跌破大家眼鏡。它不是藝術的紀念碑，它成了人民的紀念碑！

策展團隊來自印尼，它把南方世界草根性變革搬上了西方舞台，它要求參展團隊把他們正在發生的藝術行動，「搬」到卡塞爾重現，而非製作為參展而參展的作品。這個展體現了：

① 底層聲音的展，既是底層聲音，因此視角、觀點、組合和概念都跟以往不同。

② 庶民參與形式不但是極多元的，更是可接近的和接地氣的。

③ 充分展現藝術訴求群眾認同並非不可能，群眾需要表演性、視覺性的表達。

④ 媒材以再生、極簡、生活可及的資源來進行，沒有漂亮雕琢的形式主義，有粗獷直白的生活連結。

⑤ 對集體協作和社群力量做了爆炸性的發揮。

備受爭議的印尼藝術團體 Taring Padi 正是我感覺顛覆藝術高大上的一個藝術集體，強烈反應了「藝術在社會之內，而非之外」的特質。

⑥ 這次備受爭議的印尼藝術團體 Taring Padi，其實是社會運動的強力推手，他們用海報、旗幟、行爲藝術和街頭表演，闡述其反極權、反貧富不均、反貪汙、反政商勾結等基本價值觀，非常介入社會的底層革命。其大幅作品因爲反猶爭議被搬到 Hallenbad OST，離主展區二公里，我在大雨中走去參觀，深深爲他們的多才多藝所感動。他們善用底層生活方式的題材、材料、版畫（政治運動最常用的複製方式）、偶具，還有宣講腳踏車、紙板圖板，都充滿想像力，繪圖水平與情感表達也非常精采！門口的「門神」則是台灣台南視覺工作室團隊的「努力工作」和「努力創造」。

超有啟發性的團體，我看到人民的力量，而且是用藝術維持社會改革的動能！

5

做爲方法論的「觀展」，請觀者摒除一切既定成見，拿掉刻板的思維慣性，放空，用全新的視角來看它，才會有內心的收穫，得到屬於自己的生命資糧。

看，會成爲支持自己繼續走一條人煙罕至小徑的力量，我從卡塞爾文獻展得到太多！

第 3 章

做爲方法論的 NFT

「加密藝術或生成藝術正在迭代出屬於自己的品味，這是一個混雜西方審美、東方想像，自由開放精神與叛逆的市場。」——黃豆泥

1

2019 年，洪一平老師來找我談 akaSwap，我第一次接觸 NFT，才知道台灣已經有一些年輕人很成功地成爲 NFT 的明星。

NFT 中文叫「非同值化代幣」，關鍵是運用區塊鏈的交易透明、智能合約及獨有性，成爲新一代的「貨幣權力」。

2021 年，連馬路上的歐巴桑都在討論 NFT 能不能買？根據經濟學的股市觀察，當連菜籃族都丟下買菜去

看盤，就知道經濟要泡沫化了。

2022 年，該來的總是來了，NFT 金融體系爆雷，加密貨幣大縮水，活絡加密貨幣、營造市場氣氛的 NFT，也由高峰滑落到谷底。

2023 年，Web 3.0 衝擊方方面面，衆聲喧譁，取而代之的是，人工智慧產生內容（AIGC）的大熱門。到底，加密貨幣與加密藝術，應該放在哪個位置才恰當？

是機會？或是騙局？

如果，把 NFT 視爲一種方法，而非資產，景觀將會完全不同。

2

對我來說，我看到的就是一種新方法來了。

首先，它的智能合約綁定，可以讓藝術家收到等同交易轉手次數的「收入」，擺脫了經紀人的黑箱作業。

其次，FAB DAO（福爾摩莎藝術銀行）轟轟烈烈開始了，挑起公益界平台的 NFT 風，「藝術 + 公益」有了新的可能性。

再者，2023 年林茨電子藝術節，S+T+ART 年度「藝術探索獎」頒給 Holly+，這是因爲超級歌手 Holly

Herndon 與 Mat Dyhurst 共創第一個聲音 IP，整合人工智能，可以讓他人「租用」她的聲音或合成她的聲音。Holly+ 平台發行 NFT，能合約分潤。

以上讓聲音零售與加值都成爲可能！

這才是我熱衷關注 NFT 的理由，一旦 NFT 發展出更多前所未有的商業模式，那麼它將改變藝術、公益與授權市場的常態，讓年輕人、個體工作者與公益組織取得更好的機會。

3

慈善機構要能持續下去，就必須掌握大額捐款者名單，讓他們有動機持續捐款，同時也必須掌握那些以不同方式、不同程度參與的利害關係者（小額捐款、定額定期捐款、物資捐贈、志工、社區服務者）名單，甚至周邊往來店家企業的名單。

在不久的將來，慈善機構藉由 NFT，給予區塊鏈捐款憑證，動態連結捐款使用紀錄、參與數據，對企業及機構都屬雙贏。

還有名人募款 NFT，例如 Room Service International 的音樂工作者發行 NFT，爲慈善機構募得鉅額善款。

2023 年林茨電子藝術節「藝術探索獎」頒給了 Holly+。Holly Herndon 本人
（最右）正在跟友人閒聊。旁邊是合作藝術家 Mat Dryhurst。這個獎開啟了
聲音 IP 進入 NFT 合作平台。

至於北師美術館發行「光」NFT，則是要延續閉展後的長尾效應。

　　未來，美術館在實體展完後開設雲端展覽或教室，將會大大流行。

4

　　總之，區塊鏈技術結合 NFT 將擴大企業品牌與行銷的空間，對文化機構、慈善及地方創生，甚至觀光旅遊，都會有新的策略創新。

　　有人乾脆把它叫做「NFT 轉型」，表示它的關鍵性。這些方向無關加密貨幣榮枯，NFT 起落或加密藝術是不是藝術？而是傳統智慧能得到更棒的可能性。

　　做為一種方法論，NFT 的應用只會增長廣大，而非泡沫化。

第 **4** 章

做為方法論的跑步

「只要我能跑，沒什麼不能解決的。跑步是一道哲學題目。」——松浦彌太郎

1

村上春樹說：「我為何要跑？」

因為人只有透過自己的行動，透過他的生命的外化，以及透過他們對他人產生的效果來向自己提供訊息。

在一次大雨滂沱中，我寫了如下日記：

操場空無一人，我撐著傘跑操場。雨下得陣急陣緩，風忽大忽小，打在傘面噠噠作響，我與世界隔絕，只有雨聲及腳的節奏與我同在。

我，消失不見，世界消失不見，只剩燈光下的跑道線

與節奏。

這時才明白，正是外在的風雨讓我看到內在的穩定，我用自己的節奏前進，不思不想，完全與身體同在，甚至沒有感覺到身體的重量，只有節奏恆定的呼吸。

後來看了一下鐘，發現我反而跑得比平常快一些。平常操場吵雜，又要閃避速度慢的人，進去腦子的雜訊多，常使我分心，跑步半在半不在，以致步履凌亂，跑得慢了。

原來人生進展緩慢，是心有旁鶩，要躲閃別人所致。

這天清晨的雨中慢跑，格外有感受！

2

村上春樹也說：「跑長距離本來就符合自己的性格，只要跑著就覺得很快樂。跑步這件事，應該算是我過去的人生中後天學到的無數習慣中最有益，且意義重大的事情。由於二十幾年來不斷跑步的結果，我的身體和精神大體上已經往好的方向強化和形成。」

我因為健康因素而開始跑步，一跑就二十八年了，深深體會到村上說的，跑步可成為紀律，成為座標，成為身體的依靠！

3

跑步也可以有音樂性。

拿我的晨跑來說：時間七十分鐘，有四個樂章。

① 序曲：五圈慢板到中板。天還是漆黑，警衛在四點五十分打開運動場的門。

慢跑開始，像一首交響樂。身體打開的過程是從骨骼筋脈肌肉的聲音開始，一層層打開，身體的甦醒跟天空的甦醒一樣，先是灰色，突然就亮了。

② 第二章：五圈中板。進入恆定狀態，腳、身體、呼吸處於和諧恆常的運轉，沒有負重，無需加速，這時黏膜組織慢慢打開，味覺嗅覺開始接電，口中嘗到一些遺留的味道，耳朵可以分辨鳥鳴叫的種類遠近，眼睛可以觀照葉片在陽光下的抖動，身心互相協調感應。

③ 第三章：五圈中板到快板。呼吸有節奏，心律如遠鼓，昨夜不自覺抓到的皮膚有汗水的麻癢，額頭汩汩汗珠，背脊與胸口肩胛拉動，感覺自己跑在一個黃金色球體中，向四周發出能量波，直至無邊宇宙。這時周遭天色大亮，時間在風中呼呼作響，氣流透過皮膚形成軌跡，身體與精神都起燃燒作用。

④ 尾聲：三圈中板到慢板。腳步放緩到快走到自然步伐，這時身體的內在機制還在衝刺，該讓運轉減速，停止向肌肉增添柴火。仰望天際，魚鱗般的雲片在藍天閃閃發亮，IBM 大樓帷幕牆反射出朝陽的絢麗，慢跑 ENDING。

六點，鳥蟲鳴叫，車輛、街頭開始甦醒，一切將進入新的開始！

這就是晨跑的樂章。

4

跑步也是修練的方法。

如同藝術家在取景時常瞇著眼睛，說「less is more」，要瞇著眼才看得到重點！

我跑步時也是瞇著眼，只看前面三公尺避免撞到人，其他從旁邊走過跑過的，都是影像，瞇著眼就不會比較、計較、較勁。我的血液裡仍然留有競爭意識，看人家超越，會有追上去的衝動，看前面跑慢了也會有超車的衝動，這都是驅使身體當賽車去競爭的瞋心。瞇著眼，世界很和平，不去追逐、不求超越，全然讓身體決定我的速度，把我交給身體，這時，心跳、呼吸、風雨、

旁人的聲響，天空的味道全部都在，都有感受。

　　跑步是一種修練，不只是運動，我跟膝蓋同在，我是腳踝，我是球鞋的鬆緊帶。

　　這年頭喜歡跑步的人愈來愈多，但若不知道跑步是自己跟自己、自己跟世界對話的方法，那就太可惜了！

第 **5** 章

做爲方法論的編輯

編輯是什麼？

「爲時代留下最接近本質的切片，並將觸動人心的可能性最大化」。

好內容，無法單獨憑編輯產生，唯有齊心協力問自己：我們呈現內容的方式有可能最觸動人心嗎？這是責任感。

——《Verse》第一任總編輯黃銘彰

1

《Verse》創刊社長張鐵志在回答問題時說：「是的，我們的策略就是議題設定與美學風格！議題設定很擅長擲地有聲給人衝擊；美學風格就是一定要酷！擺脫通俗美學想當然耳的樣貌。」在網路時代辦傳統雜誌，要有很強的心臟，因此堅信自己的策略無人能做到，非常關鍵。

張鐵志曾說編輯是一種足以區隔別人創造價值的方法，《Verse》雜誌以它獨特的編輯要求，成為雜誌界的獨角獸。

2

我在《工商時報》擔任總編輯時，也隱隱然知道每天出報就像一場公演，版面就是舞台。那麼，我的策略是什麼？

還是這兩招：「議題設定」與「美學風格」。

就議題設定而言，我在乎的是讀者今天應該關心什麼？而不是昨天發生了什麼？我會去詢問同仁明天股市開盤大家會關注的「第一眼訊息」是什麼？大家抽樣調查。然後整個頭版及內頁分析稿都朝這個議題去做，我的訴求是「把明天晚報會報導的重大事件在早報就做掉」！

由於議題設定屢屢超前部署，《工商時報》前任老總編碰到我，劈頭就問：「你是未卜先知嗎？怎麼我早上觀看市場，覺得今天應該要報的新聞事件，竟一早還沒開盤就出現在《工商時報》上了？！」

議題設定的差別會左右當天的銷路，在新聞競爭扁

平化的時代，真正吸引讀者的是議題設定。也就是提供讀者閱讀的迫切需要！

3

這樣還不夠，美學風格會讓一個媒體特別有影響力，這要有奇兵。

我在總編任內做到了一件當時全世界日報做不到的事情，就是當天新聞配時事漫畫。換言之，把新聞或新聞評論直接搭配漫畫，等於把文字視覺化。

在我以前，不是沒有時事漫畫，但通常是今天的新聞要一兩天後才有時事評論漫畫，因為漫畫家要看到新聞才開始構思及完稿，時間是個限制條件。

現在或許 Midjourney 可以幫忙當天完成插畫。但，當時還沒有 AI 這種東西。

然而，版面會造成強烈衝擊的是同步文字的視覺設計，我跟漫畫家王平組織了一條內建在編輯部的漫畫同步生產線，一邊編輯新聞，一邊定位漫畫，包括尺寸及內容，力求兩者完全吻合同步刊出。

這個設計是如此成功，以致工商界讀者一覺醒來，先看漫畫再看內文。成為一時風潮。

2020 年《Verse》創刊，揭示美學風格與議題設定，適巧跟我在《工商時報》擔任總編輯時的觀念一致，只是當時沒有這兩個名詞。事實上人生也是一種自我編輯，有其脈絡的議題與風格，能否每個點都到位？看方法好不好！

不過它又是難以模仿的，因為圖文整合的同步，在當時只有總編輯有漫畫與文案概念，再加上願意配合的畫家，才能完成。

　　在新聞同質化的時代，美學風格的創新能大大提升產品價值，並超越對手。

4

　　廣義來說，媒體跟藝術表演一樣，透過版面視覺組織，展現觀點與訊息，與當日接觸報紙的讀者對話。這個認識在我的紙本生涯裡，早已存在。我每天都在跟潛在的甲方對話，其中的關鍵就是這兩點：「議題設定」與「美學風格」。

　　到了網路時代，即使在網路呈現，議題設定再強仍然難以留住眼球，具有特色的美學風格，有時反而成了入門之必須。

5

　　編輯做為方法論是多方面的：

　　① 它是提煉生活感悟的方法，一個好的標題已經

把長篇文章的內涵與外延講完，成為記憶的中心。

有標題概念的人，會把一長段人生經歷濃縮成行動的重心，讓自己在人生找到重心。

② 編輯要訓練自己注意 context，而不僅僅是 content。內容只是好菜，但要讓人感覺美食，色彩搭配及擺盤更是重點，而是否適合空間氛圍亦需納入考慮。

一個重視 context 的人，一定善於整理，既能化繁為簡，也能表達得宜。

人生如果是一張報紙，標題、圖片及 layout 都會影響可讀性，如果要做個讓人易於接近、理解的人，必須處理好每件事的結構與適當的配置。

我聽過一個朋友評價一個藝術家：「他是個每個點都到位的人！」

這意味著他經得起別人用各種框架來審視他，他一定把自己配置得很好。

③ 如同黃銘彰說的：「好內容，無法單獨憑編輯產生。」也就是只有自己有料，所說所做對人有幫助，這才有好內容，此時編輯才能發揮作用，否則文勝於質，就顯得華而不實。

6

你熟悉一本雜誌是怎麼編的嗎？之前如何在內容下工夫？

你可以看到它的議題設定能力？為什麼會有那麼多鐵粉的美學風格嗎？

反身看看自己：「我都是如何編輯自己的人生呢？」

第6章

做爲方法論的經濟學

　　經濟學是講選擇及交換的，讀懂經濟學，你就知道一切都是換來的！

1

　　在這個什麼都可以加上「經濟學」的時代，經濟學已成爲通用型方法論。

　　天啊！這是什麼經濟學？

　　最近有三本經濟學湊在一起聊天。一本是《故事經濟學》，話很多；一本是《風格美感經濟學》，愛雄辯；一本是《激情的經濟學》，它很激動。

　　它們我都不認識，我的經濟學朋友們都遵守孔恩（Thomas Kuhn）《科學革命的結構》（*The Structure of Scientific Revolutions*）的典範說，他們把經濟學視爲一種

「科學」，以理性爲基礎，假想經濟人與市場機制，希望經濟效應如同命定論可用方法預測，可用模型描述。我過去也很沉醉這種世界觀。

但這三本經濟學簡直不按牌理出牌！

2

首先，布魯諾 · 拉圖（Bruno Latour）《激情的經濟學》說話，它否定社會這個概念，否認什麼交易可以決定公平價格，甚至認爲社會整體是「待造」的，並非穩定的超越個人的結構。他說只有群，沒有社會！最離譜的是他說競爭被誤會爲進步的動因，是大錯特錯！只有發明及偶然帶來進步，競爭只是在發明與協調穩定中間的混亂現象！

他否認交易是供需雙方的冷酷計算，「交易」是重複行爲不會帶來演化，最根本的生產要素不是錢、勞動，而是「交談」。沒有人與人之間的熱烈溝通，經濟會變成槁木死灰（1902 年的塔德 Garbriel Tarde 竟然預知今天的網紅經濟）天啊！這是全盤翻案！

3

　　勞勃‧席勒（Robert Shiller）的《故事經濟學》獲得了諾貝爾經濟學獎，他也否定數量化經濟預測，否定效率市場，他認爲經濟的波動可套用傳染病模型，病毒就是用大數據篩檢的關鍵字，這些關鍵字有樂觀組及悲觀組，前者讓經濟（尤其是股市）上漲，後者讓股市反轉，因此不要再蒐集已經成爲結果的數據來解說未來，好好看人民關注哪類故事吧！

　　《故事經濟學》就是套民衆的話，來窺視他們的心裡與心理對行爲的作用，原來敘事（也就是流行的經濟故事）決定市場的未來，什麼貨幣政策、財政政策、打房、量化寬鬆，都得看大家討論得熱不熱絡來決定有沒有效。這還眞是激情的經濟理論啊！

4

　　還有，維吉尼亞‧帕斯楚（Virginia Postrel）的《風格美感經濟學》更是用感性來解讀市場行爲。她認爲，經濟已進入全面美學時代，到處充斥重視感官的現象，那種純粹在物質需求打轉的時代已經過去了。

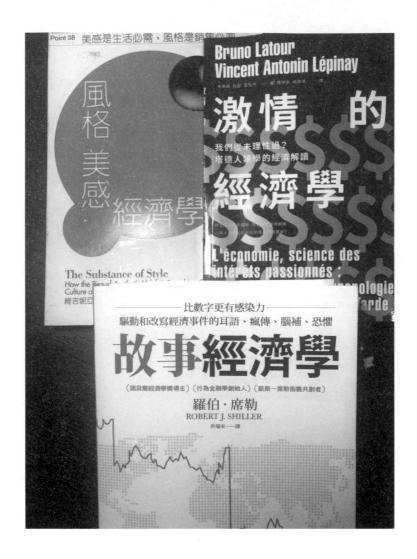

我的本科專業是經濟學，我一直認為它是思考人生事件的共性學科，似乎任何主題都可以冠上經濟學，而且還言之有物。事實上經濟觀念博大精深，我受益良多。

她說：

① 風格，是最大的賣點！美感不是美學而是透過感官溝通的方式，大家都透過消費追求感官風格。

② 美感，是一種生理需求，不是心理需求，而是必需品！現代人即使是功能性的採買（如電鍋、吸塵機），也不可能買感官認為不美但便宜的東西，實用誠可貴，美感價更高！

③ 外表，是謊言的真實！別說外表好看是虛幻，內在美麗才是真實，連希拉蕊（Hillary Clinton）在大學演講都說：「一個人的頭髮非常重要，它向人們傳達非常關鍵的訊息。」美感並非裝飾，它帶來真實的效果。感覺對了就是真實，別再搞外在內在二元對立。

④ 品味，是慾望的表達。外觀會說話，而美感認同是自我主張的表述，讓人跳脫社會標籤取得主動。

總之，只要產品的實際功用在水平以上，設計的美感（無論外觀、空間、工藝）的水平就是成敗關鍵因素。她大聲主張「我們所選擇的東西，決定我們是怎樣的人！」（你膽敢選沒品味沒美感的東西試試看！）

5

　　聽完這三本經濟學的聊天，有沒有了解我們跟財貨間的情感依附關係？有沒有覺得人類社會不是愈來愈客觀化，由什麼機制在決定未來，而是愈來愈結成互為主體性的群，一群群有不同美感認同的族類呢？有沒有跟拉圖所想的「生命創造非來自互鬥的外在對抗，這些都只是消耗，創造來自看不見的受精卵深處」？

第 *7* 章

藝術可以做爲方法論嗎？

「面對作品，就是我當下的自己以及自己所有人生經
驗與作品面對面的行爲。反過來說，也是一種測量自己內
涵、如同試煉一般殘酷的體驗！」—— 小崎哲哉

1

做爲日本一線藝術新聞工作者，小崎哲哉提出的觀
點，也就呼應了把重心移到積極的觀賞者（我們）身上。
藝術當然是藝術家藉由某種方法完成的成果，但一般人
卻可藉由第二腦，以藝術做爲方法。

這裡提的第二腦不是指腸道，而是人類很強大的五
個機制。

2

① 捕捉。有第二腦的人不是靠閱讀，而是捕捉！捕捉跟閱讀的差別是人類能夠知道有用的訊息，並納爲己用而刪除其他。

② 組織。任何認知都是一種組織，沒有組織過的訊息，原始內容再好也只是腦內垃圾。人類透過很多方式組織，創作是一種組織，而寫作則是最好的組織努力。

③ 萃取。一本書通常只有幾個重要核心論述，我們不要求人家講重點，但我們只需聽到重點。能夠聽到的重點都可補自己的不足。看書如此，看藝術亦如此。

④ 表達。善於表達才代表眞正有吸收，人類用對事物觀察的表達來確認自己所獲，而表達的高度比原來的更高，才算做到超越原物的理解。

⑤ 統攝。運用上述四步驟，可以統攝知道做到的一切。可由做到來反推自己的知道是否靠譜。

綜言之，第二腦有四項基本功能：

(1) 使我們的構想具體化。

(2) 揭開不同想法之間各種新的連結方式。

(3) 使我們的種種構想與時俱進。

(4) 強化我們的獨特觀點。

3

對於開了第二腦的人，藝術的作用就可以方方面面展開，成爲所有自己產出的底層方法。

舉例來說，水彩大師謝明錩在他的大作《水彩創作》中有段話：

以色彩感人的畫面放棄它的質感，以肌理動人的題材減弱它的色彩，若要強調筆墨趣味則分解畫面，若要表達結構之美則捨棄細節，這是畫好畫的眞正祕訣。

這在講繪畫技巧，但我的感受是，這也是畫好人生這幅畫的祕訣。有些人老追求漂亮，卻不知道色彩過於繽紛則必須犧牲質感；有人喜歡追求宏觀的東西，自然就無法顧及細膩的人生況味；天天只顧拓展事業的人，很難有欣賞故宮瓷器的雅興。人生會有取捨，必須選擇自己的核心特質，用「捨」去換「得」。

如是捕捉、萃取、組織、表達，就把水彩技法統攝到人生哲學了！

2022 年卡塞爾文獻展，把主要展館當做一所學校，連門口的柱子都寫滿文字塗成黑板色，轉譯為學校模態。這是一種詩意的方法。

林茨電子藝術節主展場有一個系叫 Interface Culture，專門用來轉譯文化做為介面。圖中的影片坐著時以正常速度演示，但人一旦站起來就會快轉完全看不懂聽不清楚內容，用以說明人類在快速文化上所產生的亂象。

4

我一直在把藝術轉換成「我的方法」。

2022 年卡塞爾文獻展，我看到「translation」這個字，這給我在方法上滿大的衝擊。

Translation 這個字在文獻展有特殊的意義。因為，策展團隊要求來參加的藝術團體與藝術家，不要拿贊助的錢來製作一件新藝術品，而是「keep on doing what you are doing」，並設法把你怎麼做 translate 到卡塞爾。於是 translate 並非翻譯、也非轉化，而是為跟陌生觀眾解釋清楚自己在做什麼，而轉變一下表達溝通方式，這叫既轉又譯的轉譯！

至於怎麼「轉譯」呢？

底下這句話太妙了：「轉譯，不能太直白，用比較詩意的方法講自己在做的事，才能吸引更多潛在的用戶，接納你做的事。」

我為這句話呆了很久，這個世界有太多要轉譯的。

5

當代藝術看不懂，是因為不轉不譯？還是有譯卻非

人所能懂，有譯沒轉？

經濟術語看不懂，老闆的話聽不懂，自己要幹什麼說不清，別人幹什麼無法理解，是不是缺少轉譯的工夫？

所以要怎麼轉譯？答案是：「要用比較詩意的方式。」

我一下子中了，原來詩不在遠方，而在每次的轉譯中！

在林茨電子展主展場 Johannes Kepler Universität，有一個叫 Interface Culture 的系特別有意思，轉譯有時需要對的介面文化，願意為對方的文化殊異性既轉又譯。

我很讚嘆這個系，還特別去看展，學生真是想法很多，例如讓你鑽進軍用帳篷看交戰雙方的戰爭新聞，用你趴在地上的身體來轉譯，還有當你坐下來電視會以正常速度播放，當你站著則電視會快轉只剩不連貫的畫面，其用站或坐來轉譯訊息時代裡人類的不定性和資訊超速現象。

而這裡可用一句話來概括，就是創作者要用比較詩意的方法，才能吸引別人接納你。

真是大智慧啊！

第三部分

進行式的活

年輕藝術家邱靖婷寫了一段話，她是這麼說的：「（我）自 2019 年始以創作與寫作靠近這個世界，相信不背離的藝術並不霸據卻能給每個事物位置的地方，抱著這樣的心情，而忘記快轉的生活。」

一個年輕人把心情寫成了詩，很令我動容！

於是，我更注意如何從別人的活法中，去體會多層次的人生態度。

舉目望去，每個人都活在自己的樣子裡，同時也在彼此交換樣子。社會就是這樣，標新立異的趨同，不知不覺黏在社會脈絡的蜘蛛網上。不過，每個人也不約而同地會表明：「給自己留點時間、留點空白來整理自己。」可見人是會自我組織的動物，是會退後一步重整再前進的生物。

台大傅鐘為何只有二十一響？因為故校長傅斯年說：「每個人一天至少要有三個小時跟自己獨處、思考。」

在活的進行式中，我們要照顧好什麼呢？

我在忠泰美術館穿過王德瑜「感知現場」的大氣球，由風管爬行出來成功！
對我來說，沒有什麼是固定的行徑，一切都在進行式中，放下一切勇敢嘗試。

第1章

人生眞趣味

「我有次莫名奇妙獲邀去匈牙利開創意大會，主辦單位我根本不認識，但負責人說因爲有位同仁推薦我，說我是一個很有趣的人。」——吳靜吉

1

戴淑玲寫了一本《找樂子經營學》，夜來翻閱她的書得到很多共鳴：

① 「人類最高級的情操是幽默感，其次是浪漫。」

再同意不過了！幽默的人很有自信，而且肯定想帶給大家笑聲！若沒有幽默感，人生很容易過得臭酸，不知不覺講話舉動都會帶有濃濃的酸氣，此乃兵家大忌。

② 「主動爲工作賦予意義及價值。」爲什麼每天要很有戰鬥力地出門？除了生活所逼外，還有其他嗷嗷

作響的小心思，那就是希望生活過得有點意義。沒錯，人整天搞，就想搞個意義容器，裝些意義進來，釀造文化的紅酒！

「意義容器」這個名詞我覺得羅振宇用得很好，他舉例說，一個老人家堅持帶小孩來聽他的演講，他很好奇為什麼要花錢帶孩子來聽他說話。老人家說：「因為要告訴孩子好好說話也可以賺錢！」原來，他演講這件事不只是演講內容吸不吸引人而已，對很多人而言，「人靠講話也可以掙錢」也是一種「意義」，是可以容納別人的東西。

就如同高雄 Black Pink（是韓國 YG 娛樂於 2016 年推出的韓國女子音樂組合）演唱會造成全市旅館及高鐵大爆滿一樣，在 Black Pink 演出現場成為年輕人存在感的意義容器一樣！

③「我就喜歡戰到最後一兵一卒。」

但有人跟我說：「誰要當你的兵卒？人家也要逃命。」

事實上能夠戰至最後一兵一卒的，就只有自己！也只有這樣的覺悟，人生才能戰無不勝。

2

④「人生是一場又一場的策展行動！」

如果要活得好，先要給每天策展。

策展是什麼？觀看空間，計畫動線，選定主題，將展品統籌成一個有生命力的流程，最後讓人留下深刻感受，覺得生命被充實。

如果把一天切成幾塊，無論餐會、實作、交流，甚至家庭都用策展角度來看，你每天都可以充滿驚奇，策展所需要的資源、空間及過程，俯拾皆是。我一直以自己生命的策展人自娛。

⑤「一個人躲風躲雨，兩個人風雨無阻，一群人追逐風雨。」

那一群人我在電影《龍捲風》（*Twister*）中有看過，我喜歡在危險邊緣華麗轉身，但一個人再華麗也是無用，至少有兩個人就有共同方向，但有一群志同道合的人（現在很流行 DAO），就可創造局面，於是風雨未至，就主動去追！

另外一方面我可能就是別人的風雨，對一群人有意義很要緊。

承億酒店老闆戴淑玲寫了一本《找樂子經營學》深獲我心，在承億酒店住宿時就寫下閱讀心得，並且在飯店的 lobby 開始找樂子。

⑥ 「到底什麼時候該放棄？別人叫你放棄時絕對不放下，大家已經忘記時才放棄。」

有些事只要一個人放棄，大家都是輸家，因此，絕對不能放棄；有些事，當大家都放棄而你不放棄，你終究是贏家；有些事當大家不但放棄而且已經忘記，這時你的放棄就只是適可而止。

⑦ 「做生意好像打麻將，但最好其中兩家是跟我一國的。」

這種思考模式叫朋友愈多愈好，敵人愈少愈好！但更高明的是做生意，而不是打麻將，是揪團購。當大家一起幹，每個人都獲得愈多、成本愈低，就叫做協作共贏。

⑧ 「身體要吃飽，靈魂也要吃飽。」

不對喔，我通常靈魂吃飯時，身體不需要吃。例如看展，我可以不吃飯。搶時間看展，對我來說，靈魂的饗宴比山珍海味更吸引人！

當然，吃飽才有體力也是真實的。

⑨ 「讀一本書換一顆腦袋。」

確實有些換腦袋的書，不過通常我對書的態度都是反著讀，別人的成功經驗是自己成功的障礙，讀書只是為了破解它、打趴它，因此要換兩個腦袋才划算。

3

⑩ 「分享是一種燃料，愈分享愈有 power。」

人是透過分享來確認自己的，人家也是透過你的分享來定位你。分享有時會造成對未來的連鎖反應，我的分享希望是核燃料，輻射範圍擴到最大。

除了戴淑玲的找樂子語錄外，高雄承億酒店設有藝術長的酒店，我非常好奇。這個職位可以給藝術酒店帶來什麼？這個酒店的藝術清單如下：

吳書原的園藝盆栽

王忠龍的大件小件銅雕

丁建中 189 頁書的裝置藝術

說給花聽花藝工作室的花藝

石川哲也的陶作

天赦竹編協會的竹編

戴明德的繪畫

陳世憲的題字

這些都由黃韋維藝術長統籌。

把空間造型交給藝術長，她會變化死的空間為生機

勃勃的有趣空間。有趣，是一切精神性享受的開始，然
後是格局，最後是人與環境的對話！

4

對我的啟示：

① 聰明未必吃得開，但有趣無往不利。

② 把人生過得有趣，比什麼都重要。

③ 用有趣做事業，比板著臉孔容易成功。

第**2**章

人生不難，三件事而已

　　如果好好咀嚼每天的所思所行，就會發現人都只是反覆在試驗下列三件事：會不會接住自己、會不會對待別人，和能不能主動付出。

1

　　① 要懂得接住自己的起伏。勵志格言很多，如「勝不驕敗不餒」、「有捨有得」、「苦難是老天化妝的祝福」等，但這些有幫助嗎？或只是安慰劑而已？最重要的，還是無論大起大落你都能接得住自己！

　　怎麼接住自己？不假外求不求名利，讓它自然到達，孤獨時覺得自己很有趣，喧鬧時自己讓人變有趣！

　　在我的生命學習中，有一句話令我印象最深刻，叫做「走到舞台中央，退回原來位置。」

反覆練習這個動作，往前，假設自己站在舞台中央，開始練習演什麼像什麼。總是要跟得上戲扮演好角色，不管生、旦、丑，都要活靈活現。往後，退回原來位置，找回自己，想想自己的初心。能否褪盡紅塵，回到自己的本然？

　　要接得住自己，就得反覆操作這個動作，讓自己前進後退無障礙。有些人上了台只能當主角，要他演配角死都不肯，把角色當成了自己。有些人下台了還在演台上角色，猶如將軍退役了還念念不忘侍從官替他開門的日子。

　　上台很多不可以，下台很多過不去，這樣的人生拿自己沒辦法，日子肯定很辛苦。

　　我在職場歷經由領導兩百多人的大部門，被「高升」到只有一個部屬的板凳部門。我總是興高采烈地接受，因為那不過是角色改變而已。

　　我由媒體最高峰退下，每天搭捷運去當志工，心靈更充實，沒有司機沒有工作營生，仍然可以當小市民。

　　平常我愛看書寫作，一個人時常想像自己是海明威，有事做時人家要我怎樣就聽話照做。會接住自己的人不假外求，不論順逆境都會過得很快樂。

2

② 要更好地對待別人，別弄壞別人，也別吸引他人的貪嗔痴妄疑。這不只是自己無懈可擊的問題，還要在對方開始這樣的前一秒替他轉彎，轉到正面，眼看人家要摔倒就沉默地扶持讓他煞車，默默善舉人人不知，卻增加了「鼓勵、開啟、護持」三動作。

前陣子參加金犢獎校園說明會，看到一群孩子由沉默到熱烈舉手，是因為自己用幽默的手法引導他們，在短時間內縮小距離。特別有感受，回來便寫下感想——「這輩子應對年輕人做的三件事」：

(1) 鼓勵。讓他們建立自信，只要有想法就要克服恐懼去做。

(2) 打開。教導什麼不是重點，而是要讓年輕人可以打開自己的心門，可以去感受。

(3) 護持。提供適當的挑戰，讓他們證明自己很可以，改變自己就會改變未來。

3

③ 付出不求回報，凡事願意先說「我來！」要做

人生三件事，要主動付出。藝術獎 20 週年擺攤金牛燒，同仁辛苦烤小蛋糕，我立刻湊一腳，第一主動參與、第二跟人在一起，第三自己因此開心！就這麼簡單！

期望值管理，對別人的唯一期望是「只要他能好、自己好，以後知道如何好」。別期望別人的回報，但對自己的期望標準高些無妨，例如「沒有好，只有更好」，是真心誠意追求，能多對世界增一分光明，就別拿來照亮自己。

對「做」這件事，要能反射式地跳出「我來！」做是硬道理真收穫，別客氣。要做大家沒有要做的，別去搶人家願意做的事，懂得「我來」是可以跟「讓」一起進行的。

去年，一個大型論壇的負責人跑來找我，要調整我的時間做首場講者，但我已經準備一個月，講綱大體成形，突然要我打前鋒，等於題目及內容重來，心裡犯嘀咕，但看了一下講者名單，確實都非合適打頭陣的人選，為了圓這個局，我就說「我來！」因為這樣大家都能共好，這時的起心動念是「愛護」、「苦人所苦」。

為了跟大家更好地相處、更好地解決問題，我願意一個個擔起來。

付出不能有前提，也就是把付出當做自己應該做的，而不是平常「多勞多得」的概念，只有願意先付出，才能確保不會計較，不會做不動。

4

結論是，知道和做到，當然是「做到」較重要！

知道，還只是大腦的化學作用，還要看自己怎麼用的？會不會用？

做到，則是改變了自己與外在的關係。而且任何好緣分、好智慧，都在人的「做到」裡！

第 *3* 章

任何行業任何工具
都是老天的利器

「『藝術可以改變世界嗎？』當你在詢問的當下，已經
有很多人搶著改變世界了！」——JR

1

JR 是法國攝影師和街頭藝術家的化名，其身分未
經確認。他自稱是一名塗鴉畫家，在公共場所張貼大型
黑白攝影圖像，其方式類似於塗鴉藝術家對建築環境的
暫用。他說這條街是「世界上最大的美術館」。從巴黎
街頭開始，JR 的作品經常挑戰廣泛存在的先入之見，
以及廣告和媒體傳播的還原性圖像。

十二年前的 JR 或許是爲了要宣告「存在」，而將
作品貼在街上，但這趟創作之旅並非如此簡單！現在，
他將拍別人的照片貼上各國街頭，是爲了表達：「他們

存在！」從巴黎的郊區到以色列和巴勒斯坦的牆壁上，到肯亞的屋頂上，到里約的貧民區，用紙和膠水。就是這麼簡單。

2011 年 JR 在 TED 許下他的願望，他說：「我要轉換我的概念，你們把照片寄給我，我會將它們印出來，寄回給你們，然後你們把照片貼在能為你們個人發聲的地方。」這就是「顛覆計畫」（Inside Out Project）。「肯定」即是他行動的驅策力，因為肯定生存、公平、正義，所以相信他能為世界做的絕非只是紙上藝術，它能創造世界藝術。

2

2012 年 JR 已經印了十萬餘張形形色色的海報，而且每天持續不停地在寄送，如今他已經發送超過一百個國家、十二萬張海報，裡面有的是大規模的參與者，或是以個人身分訊息轉換成藝術作品的藝術項目，這些照片揭示了許多難以接觸、不為人知的故事和圖像，世界各地的故事就這樣裸露地展開。

JR 慣有的工作形式是：沒有功勞，沒有商標，沒有贊助商。因此只有少數人完全做好心理準備，他們跟

JR 同心協力給地球上想改變世界的人們更多力量。

　　JR 在做什麼？用簡單的方式及高明的實踐，他感動很多人，調整了人們的心態，讓良心擺對位置。他沒有說什麼，而是讓圖像自己說。他從一個人做到讓一群人做到，最後全世界（包括我）都知道！

3

　　無獨有偶，還有人用鏡頭讓女性翻身！

　　一次，在中央大學聽 lensational 創辦人趙舜茹分享她如何用攝影幫助全世界的女性文盲，我感受到一股強大的暖流，充滿「有為者亦若是」的感動。

　　雙親由印尼逃到香港的舜茹，說明她創辦 lensational 社會企業的經過。她秀照片給大家看，指出兩個關鍵：

　　① 緬甸小女孩看數位相機時，眼中有光。

　　② 巴基斯坦女孩正看著她的眼睛。

　　由照片中她發現攝影可以幫助人！

　　為什麼透過攝影可以給女性力量？她說靈感來自不識字的祖母，她用攝影和祖母說話。攝影是跨國語言，沒有語言障礙，世界通用，因此她決定用這個工具來改善女性弱勢的狀態。

全世界有五億多位女性是文盲，攝影給她們發聲的機會，因此這家社會企業的宗旨叫「Empowering woman through photography」，用攝影給女性力量。她的策略是：

① 十五個人手牽手：每次開班以十五個人成一團體，彼此激勵共學。

② 創造經濟：好的照片可做為商業用途，鼓勵創造收入。

③ 爭取權益：以照片反映婦女困境，透過此法爭取權益易獲認同。

拜網路全球化之賜，透過新媒體訓練，目前已達八百位女性參與。

訓練學程共計八個小時，訓練時需用到心理學及記者說故事的技巧，此學程在心理學家及記者的協助下，花了一年才建立起來。

學員照片販售 50% 給創作人，50% 給機構。身心障礙者也可以一起從事攝影，且相片散播到世界後，亦可以改變其他人的人生。攝影增加了弱勢者的自信，portrait 是一種自信的態度。

在中央大學聽趙舜茹如何用拍照為女性文盲賦能，讓她們參與國際商業攝影市場，聞之動容。原來只要善用手邊的工具，建立接軌方式，我們可以幫助很多人。

4

攝影，既是鏡子也是窗口，讓我們看到外面，也反觀自身。

主持人問：藉由攝影創造效益，如何持續訓練到可以商業謀生？

趙舜茹回答：由當地義工接續深入訓練，如果要事業化則大約需要一年時間。但八個小時的訓練也可以拍出很好的照片，可以賣很好！當然需要義工幫忙修圖、策展。

主持人又問：攝影最棘手的 IP 問題，如何解決？

她回答：我們有三個律師在處理肖像權問題，也會在訓練時放影片教導學員 IP 的觀念及處理方式。

用鏡頭創造可能性，讓文盲婦女重新找到動機改善自己、看到世界，趙舜茹設想周到，定位明確，堪稱社會企業典範。

5

對我的啟示：

① 改變世界不需要大卡司、大製作，簡單的工具、

高超的實踐，如攝影這樣人人可上手的技能，都可因為「一心為別人」而發揮出無窮的愛的力量！

② 如果你有一種能力，無論是什麼能力，或許可以想想，這是老天給你的工具，用來改變這個世界的。

第 **4** 章

系統困住你，還是你操作系統？

「眾生畏果，菩薩畏因，佛畏系統。」—— 萬維鋼

1

隨著大數據、人工智能，鋪天蓋地的監控系統及元宇宙，大陸有個熱門話題是「困在系統裡」。在台灣，躺平、沒有想望、困在系統，也是一種流行。關於這點，羅振宇的見解特別得我心。

他舉例說，有個學校叫圖書館管理員把每天上課要用到的書，都要事先整理好送到教室，這意味著什麼？

意味一個問題：「圖書管理員是對書負責？還是對人負責？」

如果對書負責，只要整理書，進銷退存一番就行了；如果對人，而且是個「大活人」，每天課程變化、老師

要求不同，管理員得隨時保持彈性，機動整理，適應學習需要。他的腦子都是這些人，然後這些挑戰讓他不斷關心人們是否「愈來愈精進學習」這檔事，甚至可以成為課輔、講師及心理諮商師，你說系統有沒有困住他？

　　常說數字化加速人的分化，那是因為事情被分解，人只關心事自然就分化了。但如果關心人，而且是需要變幻無常的大活人呢？這時系統就是你運用的工具，你是「背靠系統，面對人」，怎麼可能被困住？困住是來自於不自覺地孤立自己，只會做事，不會關心人。

2

　　只要在乎的是人，想的是人，做的是幫助人的事，系統就會為你所用，而且成為認真對待人的溫柔力量。

　　對企業來說，現在常常談到企業組織會導致人的異化，會不會異化完全要看企業是用事成就人？還是用人來成事？大部分的企業，增加競爭力的方式還是把人用到最有效率，極大化「生產力」。但人只是生產因素，大家都只顧完成事，有遠見的企業卻知道，只有透過人，把利害關係人都招呼好，包括員工、股東、價值鏈上下游，才能永續。透過以人為核心，才能更精進自己！

PChome 董事長詹宏志告訴我，他第一個喊出台灣二十四小時到貨，用這個承諾來反向修正各個環節，每個環節都在想盡辦法讓客戶二十四小時內拿到他訂的貨，此舉促進了物流改造、倉儲、客服與即時資訊回饋等變革。只要心中有人，顧客就是企業進步的泉源，也是人人都成為「人的專家」的契機！「背靠系統，面對人」，就不會困在系統裡！

3

2010 年，我參與籌辦台新銀行公益慈善基金會，我們的團隊決定建立一個協助弱勢中心，是個小型社福團體的系統。我們建立了一個倡議型平台，並推出年度公益投票活動「你的一票決定愛的力量」，試圖透過這樣的系統，構建「讓人自立」的公益循環。

這個以創新思維、用現代科技做公益所建立的平台，長年媒合善心人士及天使團，協助社福團體自我行銷及學習自立的能力。十二年來有 3700 家小型社福團體參加、370 萬人次參與投票、1541 家團體受惠，堪稱規模最大的公益創新典範。

台新銀行公益慈善基金會「你的一票決定愛的力量」，創造一個可以讓人自立的善循環系統，終於跳出公益無底洞的怪圈。

這個系統強調：

① 用投票極大化 get involved。每年的投票鼓勵社福團體行銷自己，走出封閉的圈子，面向社會、行銷自己，並由台新志工帶領快閃掃街，以培養團體的自信心及溝通能力。同時化被動為主動，向民眾宣講公益，讓大眾有機會參與。

② 設法讓大家手牽手，互相激勵。每年投票結束，基金會與參與團體會展開一年的實作互動，號召志工天使團一起參與，並互相扶持，讓大家連結成一個協作體系。

③ 讓大家都扮演主角，發起行動，一呼百應。鼓勵不同角色自發性提出行動方案，例如志工若發現團體有需要，便可號召捐贈物資或邀集人員輔導，企業部門可以發動到該團體訪視服務，而團體則可提出需求，由平台媒合各界提供資源。這形成一個互動而開放的協力圈。

④ 不斷創新，保持動能。每年我們都要更有創意地來賦能團體，舉辦工作坊，提供露出機會，不斷精進用科技做公益，2022 年甚至嘗試用 NFT 推廣投票。

⑤ 擴大與優化生態圈。鼓勵畢業團體組織畢業天

使團，以過來人經驗協助後進者，引進種樹育苗擴大弱勢團體收入，及結合路跑做公益捐贈等，不斷給生態圈注入新力量。

當我們為真正幫助人而創立系統、運用系統，就成為「背靠系統，成就人」的良性循環。

4

結論是要有效運用資源改善社會需要系統，但人不是困在系統裡，是要創造系統、活用系統！

第 5 章

一個藝術家的活法

X 因素無所不在，存在於所有追求卓越的過程中，或許可以稱爲「天命意識」。

1

由於緣分具足，在學長的安排下到三義參觀康木祥的工作室，康大師以木雕藝術起家，但他用回收鋼纜創作的大型雕塑後來居上，反倒成爲世界級的地景！

2019 年，德國西北部的迪普霍爾茨市（Diepholz）居民主動募款，買下台灣藝術家康木祥利用台北 101 大樓電梯鋼纜製作的藝術品，這個事件更是他藝術生涯的一個大亮點。

康木祥的藝術讓我嘆爲觀止！

這個「嘆爲觀止」不是形容詞，是名詞，因爲確實

是讓我看到了五個「嘆」：

① 嘆創作規模大：他的鋼纜銅纜作品，由鋼索撚纜、框架製作到焊接成形，都是重工業，需要的力道都是超乎想像的，而這種作品體積龐大，動輒一層樓高，寬度也有超過五米的，創作規模大、工序困難，由概念到成品需要工人協助焊接，自己也是火熱水深地幹。

② 嘆創作想像大：他的作品由生命躁動之形，到山川大地河流海域，都入其形，而且他自己希望作品能夠上天下海，成為人類藝術史的經典。這不是說說而已，想要將作品沉入海中只有潛水才能觀看，技術上並非不可行；想要用火箭射入太空軌道，讓作品環繞地球成為世界人類仰望的物件，自從馬斯克（Elon Musk）思考太空旅行後，也不見得沒機會。他的創作不只是創作，基本上空間都是他的劇場舞台。

③ 嘆個人能量大：表面粗獷的他，其實左右腦都非常強大，他能由蛛絲馬跡洞察世事的推移、人性的幽微，因此儘管做事勇悍說幹就幹，但對如何圓一個局的造局能力也很強，總是有得到多數的說服力，既感性又理性。另一方面他很會選對發揮的位置，把自己的價值放在令人心動的極大值。我見識到藝術家的另一面！

康木祥用他的鋼纜雕塑打開國際舞台，他的勇敢及決心，正是藝術家活法的
經典。

④ 嘆國際視野大：康木祥本身致力國際化，不靠政府。跑遍世界找尋標高的參考，以其獨特唯一的鋼纜雕塑，讓西方人嘆爲觀止，無法忘情。

⑤ 嘆歷史情懷高：他言談之間都在說一百年、一千年之後，誰還能留下來？會留下什麼？這裡講的不光是作品，而是留下後代會找到意義的立足點。因此他談到台灣的國立雕塑園區，談到以歷史典藏爲核心的私人美術館，有以天下爲己任的情懷。他也是天生的演講藝術者，可以用極爲底層的智慧闡述極爲抽象的歷史價值觀。

他是藝術家中少數有機會創造一個時代的意義容器的人！

2

值得一提的是，一則我深受吸引的故事。

他講到之前回收電纜、清洗電纜時，曾動腦筋要給受刑人一份工作，所以他每天開車去八德監獄跟受刑人一起洗鋼纜，從中讓受刑人參與藝術創作，得到生命的支撐，同時跟受刑人聊天，趁機開導他看到媽媽的愛，把體力勞動過程產生的意義開發出來。他將受刑人的手

印、腳印直接做成圖像作品，未來將做爲藝術展出。康木祥永遠能從環境及人群中發現 X 因素（令人非買單不可的因素），而且以實踐證明藝術家也可透過跟人在一起，改變別人的命運。這樣的手法與用心也是我在做公益當中發現的 X 因素，他身上有不得了的東西！

康木祥和他兩個心性澄明、聰敏能幹的女兒（稱爲特助）一起進行，他的藝術生命之旅非常精采！

3

人生中多少會有機會找到自己的 X 因素，但康木祥把它開發得很好，讓小火種成爲燈塔。這讓我們思考，生命一直都在創作些什麼？我們是否能有計畫地運用它、增強它？

我們可能低估了自己的規模、能量、視野、想像力及歷史感。

仔細思考這五點，是活好一個人的標誌。

第四部分

可操作框架

「學生要的是精準老師：提供框架，讓他們可以練習腦內搭建的過程，提供「知道」或「方法」都還不是，老師要提供的是操作框架。」──── 唐聖瀚

「把自己當做一個操作系統，維度可以開放，但執行時要有足夠的邊界封閉。」──── 我

「① 這是零件；② 可以這樣裝；③ 換你試試看；④ 原來你這樣想，我的想法是；⑤ 我們試著一起完成；⑥ 有沒有別的方法。

我講設計跟溝通課程，也是用類似框架的方法。」────
Tony

「我把公司所有的工作帶你走一遍，並且告訴你進行的竅門、緊急處理的方式、員工權利義務，如果你可以，我就往下進行……」──── 軼名

第1章

生命就是一個可操作框架

　　框架是用來思考的模型，幫助你理解現實，看見事情的規律，預測未來，因此你得以有信心地行動。

1

　　一直到五十幾歲，我才真正理解，原來生命是需要一個完整的可操作框架，過去都叫局部努力，並非將生命置於一個全觀的框架去努力。

　　可操作性只存在當下，以時間尺度來說，就是「今天」，昨天與明天都是累積與意圖。以執行的意義來看，就是有一個對生命的理解和據以行動的框架。心念也好、意識也好，都完全在這框架中發生。

　　要能找到最大共性的框架，生命的共性是什麼？我歸納為十點：

① 認為自己是所有改變的共性。我的改變是主觀能動性地改，這種改才能激勵所有改變。如果還想改變別人，就是命運在別人手上。

② 由結果想回來，是所有好開始的共性。人因為各種原因，對未來的渴求，常常勇於開始，但開始也就是一切生命耗費的地方。隨便開始，終局不明，沒有退場機制，都是業障，都很難有善終。因此，圓滿結束是一切好的開始的共性！

③ 信善，是所有信仰的共性。世間不是沒有惡，但信善讓自己一片光明。信是一種「願意讓世界如此存在著」的造境。

任何宗教，甚至是無神論者，他們的共性都是要世間人以善為生命價值，行善助人，造一個好環境，這是人類價值觀的最大公約數。

前一陣子看了一部電影《交響狂人》（*Crescendo*），劇情是一個指揮家受委託要組建一個以色列人和巴勒斯坦人各半的交響樂團，而他本人還是納粹集中營死亡醫生的兒子。這部片子表面上是音樂的故事，但卻集合了所有仇恨的大全（納粹殘殺猶太人、猶太人受到阿拉伯人的圍剿、巴勒斯坦人被以色列強占土地及殺害），這

樣的組合有可能成爲一個樂團彼此合作嗎？由於團員一開始的互相敵意，使得指揮第一個要處理的就是放下仇恨，對待這些彼此血海深仇的後代，他們能做的可能就是當下和解，相信善是往前走的唯一出路。因此這位指揮把團隊帶到義大利的山上，於練習演奏的過程中穿插各種釋放仇恨的努力，讓彼此理解仇恨來源，再用問題引導現在能做什麼？終至回到彼此放下爲善良而努力的框架。

相對於當前國際社會以互相保證毀滅的方式，基於仇恨而建構的跨國聯盟，不啻是最大的抗議。可以說信善，是人類找出路唯一的共性。

2

④ 傳愛，是所有對待人的共性。人與人之間的對待充滿執著、對立的誘惑，就如同前面提到的，所有猶太人及巴勒斯坦人都被教育「毋忘誰迫害我們」，卻沒有人教導他們「如何才能有和解的未來」，因爲「愛」這件事不容易教，連孔子都說「愛有差等」，要推己及人談何容易？

但是未來的世界需要的不是競爭，競爭會讓大家活

圓桌教育基金會石門山教育中心。生命的操作是必須被教育的，我在這裡得
到了一個操作系統。

得很慘烈，只有共好，才能永續。因此跟人在一起要出於愛，才能讓自己好，而且大家共好！這是我們對待人的共性。

⑤ 無條件願意是所有付出的共性。付出的德性在於無條件願意去付出，所有有條件的付出都還是在為自己。

沒有條件的付出沒有弱點、沒有自利動機，走得比較穩。如果付出太有條件、有目的，就不是真的付出，這很容易讓自己打退堂鼓。

有人說他占我便宜，我為什麼還要付出？原來他是有前提的，連付出都要占上風；有人說只要對方如何我就願意付出，原來他以別人為條件，達不到他的要求，也就不想付出了；還有人說，我把自己弄好了才願意去付出，但什麼叫弄好自己？根本是空白支票，意思是他可能一輩子都不需要付出。

付出是一種無我為人、應該做的事，這才是所有付出的共性。

⑥ 以心轉境，是所有認知的共性。世界太吸引人，我們的大腦也很好奇，因此常常被一大堆外在影響帶著走，如果隨波逐流，知道太多也只是一場空。認知是種能力，但認知的目的是要能改善環境，對「以心轉境」

有幫助，而非爲了追求知識。因此，能夠運用認知於以心轉境，才是所有認知架構的目的。

3

⑦ 做才會到，是所有理解的共性。學習還只是大腦的化學反應，只有去做才能改變現狀，而在做的過程產生全面的理解。

有些人開悟很早，但就因爲開悟太早，所以沒經過「去做」的過程，反而對生命使用沒有幫助。儘管認知上已經開悟，不去做永遠到不了，只是以爲自己懂了、悟了而不去做，就會理解成自己大腦所接受的理解而已。

⑧ 不退轉，是所有修行的共性。修行不是不知道境界，而是如何逼近境界的努力，只要不退轉，修行就能一步步前進。因此修行是在進退之間的角力，讓自己能夠每天進的幅度超過退的幅度。

人性不是可以完全控制的，遭遇不同處境，也會碰到所謂「本性難移」的時候，修行是不斷修正自己行爲，來達到前進的動力。

⑨ 關心，是所有作爲的共性。一個人的關心有多

大，作為就能有多大。

有人只關心自己，作為就限於自己有關的部分；有人關心家庭、關心社團，就擴大了作為；有人關心社會、關心弱勢，就更擴大他有所作為的可能性。若真的要對人有幫助，那就是對每件事都關心，設法有所作為。

4

⑩ 感謝是所有關係的共性。一個人在世上必然跟萬事萬物發生關係，當然也有很複雜的人際關係。這些人際關係可能五味雜陳，可能善惡拉扯，可能親密疏遠，不過如果要有長遠良好的關係，先要看得到別人的成全。如果是壞的關係，也要慎重解套，先感謝對方的承擔，設法原諒，不再糾纏於恩怨。如果是好的關係，更要主動感謝，看見別人的成全。因此，感謝是所有關係的共性。

今後人對萬物（生物、非生物）也要以感謝開始，試想如果樹木不願意用氧氣跟我們交換二氧化碳，我們早就滅亡了，難道不需要感謝樹木嗎？所以在「後人類世」中，更需要發展萬物平等對話的關係。

我每天睜開眼睛，就是進入這十個共性框架來面對

萬事萬物，這就是操作生命的我的框架。

5

給我的啟示：

① 用十個共性構成生命的框架，從此你發現了自己的耶路撒冷，有了堅定的相信。

② 所謂正向能量，就看你在每個發生中發現多少個共性？

③ 只有這條路，沒有另外的終極道路。

第2章

商業領域的操作框架

「框架效應：打破自己的認知侷限，看見問題的本質，告別慣性偏誤的心理學智慧。」—— 崔仁哲

1

第一章談到生命的使用，是最底層的全覆蓋框架，一切行為都是生命品質的投射。但是，若要在個別領域中操作，還需要更多的工具。首先讓我來聊聊商業菁英不可少的工具性框架：

① 設法找到天命視角，是從事任何工作的動機共性。人會從事特定工作都有三種可能：需要、興趣、天命。

(1) 需要：為錢工作是需要，職場的現象就是爭取待遇及穩定的工作。

(2) 興趣：你問藝術家為什麼要學音樂、舞蹈、繪畫，

最常聽到的回應是「興趣」，只是興趣未必能當飯吃，如果你的需要剛好是你的興趣，那就是為興趣而工作，不錯了。

⑶ 天命：天命就是無論如何你都要做的事，很多弱勢團體的負責人都把公益當做天命，如此才能無名無利，任勞任怨地堅持下去，也有人以創業為天命，卽使失敗十次還在努力讓第十一次成功。有了天命意識，其他的限制都只是待克服的暫時障礙而已。

好的商業精英，不管是由需要或興趣出發，都會在過程中用天命視角來提升自我，也因此沒有失敗這回事。

因為天命視角是「做它是必然」，只有如何做到更精練的問題。

2

我喜歡有天命觀的藝術團體，其中豪華朗機工這個團體常能把一件事做成一種天命觀。他們的創作充滿了天命意境：

① 跟台新銀行文化藝術基金會合作的「天氣好不好我們都要飛」，一起走過環島小學，以美術教學方式讓三萬七千張孩童夢想中的鳥，在網路的世界飛起來！

這個行動不只是一種藝術行動，它還創造社會協作的基本教育，而且藉由網路與動畫技術，讓這個社會協作無限延伸，讓時間空間達到永續。

② 世大運火炬。豪華朗機工為了四十秒鐘的聖火表現做了二十個月。聖火點燃是非常精神式的，那四十秒成就了共創的精神高度。就人生的波形中那麼一刻，透過小小的建構，達到精神的頂峰！

③ 聆聽花開的聲音。台中花博中本來有個叫花神的小計畫，預算一開始只有三百萬，但既然要做，就要做出它的高度。豪華朗機工的思考很不一樣：

⑴ 讓台灣匯聚在一起成為很大、很震撼，甚至要達到超乎想像的高度，成為有高度的裝置。

⑵ 回到市府治理端的滿足，作品要成為城市的經典，因此他們把計畫分類細節提出，說明困難點所在，再一起與官方解題。

⑶ 看到藝文產業需要什麼？不是只有要求企業捐款，而是塑造一個可以融合的環境讓藝術家走進來，跟企業與環境共創。

⑷ 群眾是一個集合體，他們需要透過體驗，從視覺上的「Wow!」走入內心對於美的記憶。

由於這樣的視角，「聆聽花開的聲音」這個機械裝置，融合了在地廠商的技術與藝術策展，成就一個有思想高度的作品。

　　我從這個團體身上，看到那種天命觀。因為：

　　① 完成一項政府委託專案，是需要（需要案子的預算）。

　　② 用其傳統創作方式來執行，是興趣。

　　③ 做成一種精神高度，是天命，克服困難達成天命是唯一的目標。

　　未來世代的商業精英最需要的框架，第一就是天命視角。

3

　　要處理好事情，需要三重角度進退自如，這是職場的共性。

　　因為任何商業項目都有三個共同的因子：(1) 解決何種問題？(2) 採取哪種形式？(3) 落點在何種意境？這三個因子，無論起點為何，都能迅速看見三者的完美結合，這是第二個重要的操作框架。

　　我從不同的藝術家看到有些人是先有問題再找表達

形式，例如問題是「喚醒大家愛地球」，表達形式就如英國藝術家路克 · 杰倫（Luke Jerram）以眞實地球一百八十萬分之一的比例，打造名爲《蓋亞》（*Gaia*）的裝置藝術作品，曾在新竹燈節展出，並於台北信義區香堤大道上自轉。

《蓋亞》圖案取材自美國 NASA 於 1972 年拍攝的超高淸地球表面圖像，直徑長達七公尺的蓋亞，爲眞實地球的一百八十萬分之一，每公分等於地球表面的十八公里。若站在裝置二百一十一公尺外欣賞，可以模擬太空人從月球俯瞰地球的感受。用這種表現形式來喚醒大家愛地球，其意境是讓你回望地球，知道我們是一體共生的。

4

也有藝術家是由表達形式出發的，比爾 · 維奧拉（Bill Viola）成爲影像的詩人，他擅長運用影像這種表達方式提出問題，並達到某種哲學的意境。

維奧拉的作品有一個特殊之處，就是無聲勝有聲，其創作語言本身蘊含的視覺動態往往伴隨著某種內隱的、不可知的聲源而緩慢變化。例如，曾在北京紅磚廠

視覺傳達是現代商業系統的重要環節。藝術家 Luke Jerram 的《蓋亞》立刻
讓人震撼及感同身受，反應問題、表現方式與意境三構面的簡潔表現，值得
商業應用參考。

當代藝術館二號館展出的《救生筏》（*The Raft*）充滿了一種世界末日之感，讓人聯想到《聖經》裡著力描繪的滅世洪水，不同膚色、不同地位的陌生人擠在一起，並處於高壓水流衝擊之下。

這個作品以一群服裝、階級、性別、職業各異的排隊人群，被突如其來的大水沖擊倒地縮成一團或互相支撐的過程錄像為表達。

當災難來時，一切表面的克制和努力營造的個人形象都被撕開，本能的防護機制毫無用處，慢速攝影下一切人類遭劫、恐懼餘生的情感和充滿情緒吶喊的姿態，都以一種物理上沉默而心理上激烈的奇妙聽覺被盡數捕捉，這就是維奧拉要給大家看到的反思，回歸人性底層的意境。

5

當然，也有以意境開始，在尋求表達形式及問題聚焦的藝術家，很多觀念藝術家都歸於此類。

舉例而言，日本物派要角菅木志雄，這位跟李禹煥一起思考「物件的存在與周圍空間關係」的大師，有很多我認為非常犀利的創作方式。

菅木的創作歷程是這樣的：他在創作前會有很長時間的思考，一旦想通了就集中精力快速完成作品。這跟寫文章幾乎一模一樣。他認為一氣呵成才能為作品注入一股能量。如果創作時拖拖拉拉會使作品失去能量，只有用這樣極限的手法，才能使作品保持自然的精神。

這位大師認為，作品不要太完美，藝術家要自我約束，保留給觀眾思考的餘地，這樣作品才能保持「活著」的狀態，讓觀眾跟藝術家一起前行。

這點與「留白」及「物我相忘」也非常貼切！不愧為物派祖師爺。

6

由此，我體悟到職場的考驗無非是「問題、表達形式及意境」，這跟藝術家的考驗其實是一樣的。不同點是藝術家是「無中生有」，由自己的主觀意識出發；職場的人士則往往是「有中生有」，因為課題出現，需要「釐清問題」、「考量對策」、「產生理想結果」，也是三個環節相扣。做為一個職場人，這三者處理得高明與拙劣，也就是藝術處理的「問題」、「表達形式」和「意境」的問題。

我個人經常有意識地運用在各種場合：

　　① 要不斷關注在基層工作的人，仔細看他的技巧、習慣及語言，再反照檢視自己，把過去的經歷反饋彼此，成爲生命的動能。

　　② 開會時，會有問題拋出，這時最重要的不是探討問題的原因，而是延伸自己的理解。某次會議中談到每個人都有 power index 及 relation index，有了這樣的表達形式，我們就會知道最大面積的人是什麼意思？原來，每個人在不同對象的狀況下，是有不同面積的。於是，在特定問題上爲求最容易解決，我們會分派給這個問題上擁有最大面積的人。

　　談到同溫層效應，我悟出煮熟的青蛙還只是個人，一群煮熟的青蛙就成了同溫層。因此，要能避免同溫層效應蒙蔽了問題的多元視角。

　　當我們如實參與會議就可以看到觀念如何流動，並指向人、事、物，最後虛擬變成實體，對有創意的最終意境有了全新的動能。

　　③ 吃早餐的場合常常是創意迸發的思想實驗室。有次早餐時有人請教我該如何辦國際活動？我由龔卓軍的「交陪境」大展，得到表達方式，以媽祖繞境爲例，

用網路做跨時空繞境。這解決了當時疫情無法實體出國的「問題」，培養網路建立議題協作就如同主廟出題，各交陪廟各自貢獻所有，進行協同參與及經驗分享，然後再視情況人員互訪，最後才辦實體年會，這樣不但能突破時空，而且可以如鎮瀾宮年年繞境，達到永續循環的「意境」。

④ 午餐時間常常是討論正事的機會點。某次午餐聽電視台老同事談節目製作、收視率及議題由平面到電視的渲染效果。大家聊得很廣：如何設定議題？如何布局？如何由外圍團體形成熱點？如何一棒接一棒，讓「網路、平面、電視、社群論壇」形成綜效？這讓我想到策展這件事，整合行銷的問題點不在工具使用的多寡與順序，那是「表達形式」，關鍵在於如何形成消費者主動參與的「問題」，這時需要有一種說故事及引導消費者進入參與的「策展」，這樣就提升了行銷的「意境」。於是，有關論述方式與題目吸引度、名人效應、網紅經濟與創造傳播衝擊點就進入行銷領域，能夠由社會大眾的自行行為再走第二輪的曝光效果。有兩輪以上的爆點與長尾效應，才叫高級議題策展。這樣的討論就成為行銷中「增強學習」與「深度學習」的基礎。

7

架構學、引導學、策展學，號稱日本三大職場學。

架構學是爲了將問題置於最佳解決狀態；引導學是爲了對執行形成共識，完善表現形式；策展學則針對處理的境界提供可能性。

因此，如果就職場的事務操作，以天命觀調好態度，以三重角色面對挑戰，也是必要的自我努力框架。

⑤ 所有操作的原點仍然是「故需正爲，抉擇自身而聽聞之」。在他人的說法中，以「我如何改進我的『做』？」去聽聞，不是在看戲，而是「眞的我可以怎麼做」來聽聞，做的方向需「正爲」。正爲告訴我：所有的智慧只有在幫助別人時才會升起。

因此，了解是了解「他爲何這樣想這樣做？」然後「抉擇自身」是在助人這件事，「換我來做，我如何做得比自己以前更好？」

第 3 章

預言操作系統

人生是自我實現的預言。

信不信世界是你想出來的？算命爲什麼不準？

命是先天的環境，運是後天的選擇，都是你選的！

你怎麼想就會怎麼做，做就是你的選擇！

你每天都在選擇。

1 預言是可以操作的

你可以用預言操作你的生命，也就是說你眞有想法，而且根據想法去選擇，你就是操作了你的未來。

先談談我做了哪些選擇？

① 本以爲會當教授（我是學霸），但因「需要一份工作」兼差當記者，當時之所以如此選擇主要是想賺學費，但居然做出了學以致用的興趣，於是就改變了原

本的生命軌跡（出國留學回來教書）。

②　本以為做到總編輯就到頂了，但因為「老闆的需要」，我做了經營者，經歷過扛起業績大責的業務部總經理，做過整併公司的企劃處處長，也做過 CIO 負責組建生產自動化，還做了網路事業的創新者及負責人等，一路上從沒有停止嘗試新領域。

③　三十年媒體職涯，由記者到社長，由發行部、廣告部總管到網路事業新創董事長、資訊長、營建工程代表業主、印刷廠總管到中天電視中國電視負責人。儘管媒體經歷大起大落，也遇上市場丕變的時代，但個人可以說是一路挑戰不斷，也精采不斷。

當初因需要而選擇，中間因興趣而留下，最後有點把事業當成天命直到集團易手。

④　本以為一輩子在媒體，因集團被購併，轉到金融業。

⑤　本以為是媒體顧問，卻擔任了諸多董事、監察人，還主持公益及文化藝術。

⑥　世界在變動，但我卻一步一步走在自我實現的路上，為什麼？因為我知道我有選擇的權利。

我知道我的選擇是只要一些些想法的改變就是光明

的未來，很簡單，只要由做喜歡的事改變爲喜歡你做的事，就夠了！

2 如何選擇

① 如何做到好選擇？如我所說，選擇每件事都指向天命（也就是你最終想成爲的樣子）。有些人從沒有選擇過，一輩子爲需要而工作，從來不是爲興趣，更遑論天命。他們只想著高薪、事少、離家近（這種公司早就倒了），但有些人則是把非天命都玩成天命。

② 擁有天命觀很簡單，只是態度問題。問題從來不是問題，而是面對問題的態度出了問題！因此，眞正重要的想法是「我沒有問題」。

③ 態度從何而來？檢視你自己，你的木馬程式是什麼？兩種態度可供檢視：有辦法的人，還不知道問題是什麼，就覺得自己有辦法；沒辦法的人，即使辦法顯而易見，他還是覺得自己沒辦法。

關鍵是兩者只是資料庫不同，有辦法的人資料庫都是解決過問題的資料、沒辦法的人永遠只儲存自己失敗的慘痛教訓。

因此，要做有辦法的人，懂得改變儲存資料的屬

性。永遠只在經驗資料庫儲存「有辦法的記憶」，做個「拿得出辦法」的人。

④ 什麼是成為更好的自己？預言之所以有用，是因為你有渴望，沒有渴望，哪能成為更好的自己？渴望有很多等級，很多人的渴望都還可以更高級一點，而最高級的渴望是「傳愛」，這可貫穿所有的行動，成為天命。

3 你需要更高級的人生系統

真正的生命系統要這樣：

① 不是追求自我實現，是可以容納眾人、好事或壞事，具機遇與風險的思想與行為系統。

② 我的人生系統，是這樣設定的：「成為別人的好環境」。不是在價值觀中選擇，而是選擇新的價值觀。在「追求卓越」與「助人有所成就」中，選擇後者。

③ 這樣系統的核心是以無限賽局的修正力，構築愛的正向循環，叫做為愛永續。

④ 為什麼台新銀行公益慈善基金會「你的一票決定愛的力量」，是較高級的傳愛系統？因為它有「三個行動」、「五個區塊」。

三個行動是透過提案、投票、結案，培養弱勢團體

生命是自我實現的預言，有時你畫了自己，有時你成為了預設的草圖。

三個自立的必要條件：會說故事、會跟社會溝通及建立公信力。

五個區塊是爲了培養自立的充分條件：

⑴ 想辦法：針對社福團體痛點找辦法，如小額眾籌、產品行銷。

⑵ 找對象：針對所需能力做培養，尋找企業天使團給予免費教導訓練。

⑶ 廣關心：關心社服團體如何改善生態圈及支持系統。

⑷ 全陪伴：只要有助於其建立自立能力，便長期支持陪伴。只要社福團體不放棄自己，我們就不放棄它。

⑸ 跨領域：不侷限社福團體，我們推動社會企業、大學、科技界與藝術基金會跨領域合作，打破原來的舒適圈，共創善循環。

我們需要去做一件事，才能體會生命！

4 總結

① 你正在自我預言，因爲你很有想法。

② 你的事業是否有意義？有什麼意義？你可以選擇。

③ 你要既快樂又成功，系統就要高級一點，容錯

性要高，將公益納進來。

④ 你的未來取決於你的溝通能力，那是由「有夢最美」到「美夢成真」的中介。

⑤ 對快樂與成功要清醒，你不用改變世界，唯一需要改變的是自己。

⑥ 每天祈願豐盛精采的驚嘆號！絕對不活成問號及句號（我怎麼會這樣？及我就是這樣。）

因為，我還有無限的可能性！

第4章

未來的操作系統

在本書撰寫途中，ChatGPT 乃至於整個 AIGC 橫空出世，它代表未來與生命實現有關的人機協作時代即將開始，不能不加以注意。

1 典範的移轉

根據杜雨（中國社會科學院技術經濟學博士研究生）的說法，生成式 AI 足以媲美新石器時代的文明典範移轉。它絕對不是在原發展曲線的軌道上，它是大躍進的新曲線，大家千萬別把它看成什麼雲計算、區塊鏈的另一科技工具，它是超乎人類系統的嶄新系統，是人類過去文明模式的典範移轉。因為：

① 生成式 AI 實現了人工智慧的「內容」生產。自然智慧所「獨有」與「壟斷」的寫作、繪畫、音樂、教

育等創造性工作，將走向「歷史的終結」。

　　目前大家以為它只是更好用的工具，實則認識不清，我待會會提到。

　　② ChatGPT 完成了機器學習演算法發展中，自然語言處理領域的歷史性發展。透過大規模的訓練，它可以生成文字、語音、程式、圖像、影片、腳本編寫、文案撰寫及翻譯，這是人類文明史上翻天覆地的改變。

　　它開啟了任何階層、任何職業都可以用任何自然語言和人工智慧交流，並且生產出來從美術作品到學術論文的多樣化內容產品。

　　這個影響的重大性是抹去了專業訓練的體制及時間耗損，基本上它不是提升了一般人的地位，而是讓專業人士再度淪為基層工人。這往往是大家不易覺察的，因為未來受教育的多寡不再是專業活動的障礙。

　　我讀了林坤正的簡報，他正在念政大博士班，已經開始使用它，chat with PDF 可以幫他讀完博士班的指定教案，並做摘要整理。

　　它也可幫廣告公司書寫文案，只要你把形容一碗滷肉飯需要用到的情境關鍵詞輸入，它就會把滷肉飯形容成法式米其林經典。

在特定議題，如一家被清晰描述業務內容的銀行，及一家被完整介紹其核心能力的 Fintech（金融科技）公司，可以如何創意發想合作模式，並要求 Chat 搜尋例證追蹤成效，還有代擬、預擬兩家公司的合作備忘錄，它都可以做得到。

ChatGPT writer 可以製作多語言訪問稿，直接讀取錄影語音即時產出文字，比現有聽寫軟體強，而且以後還會更強。

至於製作影片，你只要給它每則不多於二十個字的文案，按腳本系列排好，自動生成影片也在彈指之間。

如前所提，腳本寫作也日趨成熟，台新二十年大展曾經由社群媒體，自由討論文字輸入 AI，到一段時間後它產出的頁面已接近可操作的劇本。

2 系統的轉變

① 系統而非工具。說到大家對 GPT 願景，一般人認為 ChatGPT 像極了：「一顆剛剛落地的果實，果皮逐漸裂開，光線從裂縫中射出，展現未來科技的無限可能。」

不過也因為如此強大的能力，生成式 AI 也「異化」

了，它並非只是好工具，它由工具「異化」成一種理解、超越和生成各種自然語言文本的超級「系統」。

這也是大家在興奮不已的時刻，逐漸意識到的 AI「優勢系統」正在覆蓋人類相對緩慢演化的系統。

② 邏輯能力。人類會推理，也會跳躍式進行邏輯脫鏈與重構，AI 是否存在可以發展類似的邏輯能力，成為 AI 與生俱來的挑戰。

這方面已經不再是太大的門檻。

以直線邏輯來說，人工智能在辨識描述、分辨分類和解釋，並完成語言模型所學習的推理，甚至知識增強的推理，都已經構建了堅實的「底層邏輯」，而且它的學習是根據海量資料及規模化準確數據，它已經可以根據環境回饋修正自己行為，可以突破線性思維框架並執行非線性推理，也可以透過歸納、演繹、分析，執行對複雜邏輯關係的描述。

我個人認為，它在「思考」這件事，跟人類透過聯覺發展出來的感性系統與理性系統聯合的反應能力還是有差距的，但純就理性（左腦系統）它的確正在超越人類的能力。

就邏輯推理力來看，「生成式 AI 確實已經並持續

改變邏輯學的面貌」的說法並不誇張。

另一方面，AI 在感性系統方面也在迎頭趕上。主要原因是生成式 AI 使用的擴散模型，2020 年「去噪擴散概率模型」用於圖像生產，2021 年哈佛大學提出「大模型」，使用 Transformer 關鍵技術推動了 AI 整個範式的改變。

這個革命性改變的關鍵是 Transformer。

在自然語言系統中，Transformer 是一種融入注意力機制和神經網路模型的主流模型與關鍵技術，沒有它就沒有 NLP（自然語言處理）的突破。沒有基礎模型化的生成式 AI，Chat GPT 也就難以實現！

而現在，大模型已實現了多媒體的整合演算。

③ 速度來得有多快？至於它在超越人類的速度如何？生成式 AI 的學習能力取決於參數的規模，GPT-2 約十五億個，GPT-3 則是一千七百五十億個，GPT-4 則達到一百萬億個參數，這樣的幾何級數增加，所訓練的資料規模也暴增，可想而知它會有多精進。

據腦神經學的推估，人類大腦皮層約一百四十億個神經細胞，每個細胞有三萬多個突觸，因此大腦皮層的總突觸也約一百萬億個，GPT-4 處於和人類大腦同等

水準，但人類大腦使用率及使用頻率都是偏低的。相反地，GPT 則是二十四小時充分運作，AI 模型所需算力預測每一百天翻一倍（這或許是新摩爾定律？）

不過需要如此多的算力，還要硬體趕得上才行，生成式 AI 需要 AI 晶片，AI 晶片需要達到 CPU、GPU（圖形處理器）、FPGA（現場可程式化邏輯閘陣列）和 DSP（數位訊號處理器）共存。要能達到充足算力，應該需要量子計算的突破。

它的能力將受限於硬體技術的突破與否。

3 對未來的挑戰

① 對 Web 3.0 的影響。生成式 AI 將對區塊鏈、NFT、元宇宙帶來深層影響，從根本上改變目前的 NFT 生態。

Web 3.0 結合區塊鏈、智能合約、加密貨幣實現去中心化理念，生成式 AI 是滿足這個目標的最佳工具與模式。

元宇宙本質是社會系統、資訊系統、物理環境透過數位構成了一個動態耦合的大系統，需要大量數位內容來支撐，由人工設計和開發根本無法滿足需求，生成式 AI 以其強大的內容生成能力，可說全面完善元宇宙生

人工智能技術不可思議的有效性，運算系統瀰漫至星球尺度，山之顛海之底，這種技術也承載著過量的交叉與不可統計的漏洞、模稜兩可、誤差與濫用。未來的操作系統將是非常難以想像的！

態的底層基礎建設。

生成式 AI 的進展將加速廣義數位孿生型態與物理型態的平行世界的形成。

② 中國經濟學家朱嘉明表示：「生成式 AI 正在引領人類加速逼近科技『奇點』。」

朱嘉明說，現在人工智慧已經開始逐漸接管世界。生成式 AI 的巨大發展，開始重塑各個行業乃至全球的「數位轉型」。說到底，這就是以生成式 AI 為代表，以 ChatGPT 為標誌的轉型。

如同 ChatGPT 的基礎模型 GPT3.5 是一個劃時代的產物，它與之前常見的語言模型（BERT/BART/T5）的區別是飛彈與弓箭的區別，根本沒得比！由此亦可推論，未來幾年因為生成式 AI 而顛覆的科技運用，將此起彼落、不絕於耳。

我們都要自問，咱們投資於過去式修修補補的數位轉型，真的是有未來性嗎？還是應該做全面被生成式 AI 覆蓋時的轉型？猶如極端氣候的重度衝擊模擬，我們也需要生成式 AI 衝擊的重度模擬。

現在，已經有更多人憂慮 AIGC 的發展引發的倫理問題、喪失控制的問題及社會結構失衡問題。我可以預

見在未來十年內，AI 與人類和平相處的人機協作模式能否穩定而成熟，將是人類整體的一大考驗。

　　現在，是面對問題的開始！悲觀或樂觀，都沒有差別，我們此刻的想法與選擇正在決定未來。

4 結語

　　① 當我們享受科技進步的同時，我們也正在改變人生的操作框架，包括主動權的喪失、時間的被占用與行為的改變。

　　② 人類擁有的後設認知能力（即跳出我看我的認知方式），愈形重要。人會省思自己為何存在？要走到哪裡去？人對現實空間的感受力，或許將是未來操作框架中的關鍵能力。

尾聲

永遠有空間

我常想像已經沒有我的大地

一如既往。沒有損失，依然是大戲台

女人的時裝，露珠欲滴的丁香花，山谷的歌聲。

但是書籍將會豎立在書架，有幸誕生；

來源於人，也來源於崇高與光明。

—— 切斯瓦夫 · 米沃什（Czesław Miłosz）

在寫了那麼多「活法」後，大家或許期待一個總結。

1 生命需要深情投入

生命給每個人的機會都是一樣的，但你最後活成怎樣，自然是自己做了選擇的結果。不管如何選擇，總是有一樣的考題，就是「千帆駛盡，最後只是要考我這一

題：每次是否一本初衷，更深情投入？」

深情投入不容易，人是很容易厭煩的族類。年復一年，總是重複的事有沒有變成了例行公事？愛與關懷有沒有從感動變成了習慣？能不能每一次依舊用洪荒之力深情款款地給予？

提醒自己，愛不只是永不止息，而是每次都仍然像當初一樣石破天驚。

這就是生命的分水嶺，選擇還只是機會，深情投入才是奇蹟發生的原因。

2 人家還對你有期待嗎？

有一位我推薦的學員，跟我做「感覺清單」。他說：「學長你就像一個沒有耐性的鬧鐘，只要時間到，就要響，不管人家是白天黑夜，你照自己的意思響。」

他說：「你不應該是鬧鐘，而應是容器，且可以不斷給出更大容量！你是大家可以倒垃圾的地方，是很棒的陪伴者。可以看到別人的空間，讓人有機會擺好他的位置，幫別人找到空間！」

這個感覺清單對我非常重要。因為我是不知不覺會填滿空間的人（太占空間），我也是常常照自己意思響

的鐘，他講得一點都沒錯。

怎樣永遠有空間，就是我要調整的地方。

他說別人對你會有期待，你不應該覺得不公平，不應該問：「為什麼你對我期待這麼高？但對自己似乎很放水？」這種問題。

為什麼？

他說，因為人家是用對你的期待，來決定自己是否也應該對自己有所期待。

他說得真好！原來成為好樣子，不是自己的事，而是讓別人對自己也有所期待！

原來別人對我有所期待，竟然可以帶動他對自己的期待！別跟人計較自己被苛責。

3 活法要精練才精采！

她曾是一家飯店 CEO，已經退休多年了，但她每次回台灣還是會住她曾經待過的飯店，很多以前的同事幹部還是會過來打招呼，她跟他們的對話仍像總經理。

我要下樓，她親自送，我不好意思，說您就回房休息我自己走就好，自己人不必拘禮。她說，No，送你是我的榮幸，除了你是我的學長，也是我的需要，因為

我住這裡，還是要 exposure，我跟你下去，沿路碰到過去的同事，可以打上招呼說幾句話，而且還讓他們看到我往來的對象，你是他們老闆的朋友，我是沾光。

這令我學習很多。

① 做任何事必須知道怎麼維持人脈。住自己主持過的飯店，就同時維持了過去的長官部屬關係，更進一步成朋友關係。

② 有關心就知道事業的運作，就可以參考比對過去到現在的改變。她說，服務業的 SOP 其實滿穩定的，可以套用在不同的流動上。跟以前同事聊兩句，做什麼啦？忙什麼啦？誰還在嗎？等等，就可了解很多變化，再看一看，就明白哪裡有進步，哪裡改壞了。自然自己也能與時俱進，不會停滯。

③ 她說過去當 CEO 沒什麼祕訣，就是要能預見，make sure 什麼事下一步該發生，確保其發生。如下午茶何時要 refill 咖啡，何時要問是否需要蛋糕，都是有流程的，如果服務員沒有做到，不能 make sure 就有問題。她一坐下來就可以看到訓練，主持人的重點及 SOP 有無微調？

還要讓不該發生的事不能發生，而不是等發生了，

再來解決。

例如商務中心的早餐基本上是 brunch 的分量，因為客人到台北時間不一，有些人進飯店基本上沒吃午餐或晚餐，要保證商務客人沒有吃不飽的事情發生。

這些都是 SOP，避免不該發生的事發生尤為重要。它不是死的，是根據生活習慣的變化來演進的。

聽了她的說明，我頓時覺得，只要是跟人有關的事業，都要修的課是：

① 你怎麼把過去的共事團隊都變成你的人脈與資源，再用來幫助人。

② 你怎麼擴大讓自己和別人 get involved，讓別人跟你的生活專業仍緊密結合，把別人的進步牢記心裡，讓自己的生命更有用，幫助人更精準。

③ 注意到行業 SOP 的重要作用，而能確保該發生的發生，不該發生的不發生！並且，在生活中修正，使 SOP 不是障礙，而是生活精進的基礎。

活法要像她一樣在職場精練，即使退休還需要繼續練！最大的本事是能洞見需要，能確保該發生的發生，不該發生的不發生。

這樣叫活出精采！

4 你會死得明白嗎？

很多人以必死的生命過不死的生活，直到最後才發現，完全沒有辦法接受自己被強迫出場，所以死得明白應該早點明白！

如何搞明白？以下幾點切記：

① 你是否問過自己想要活成什麼樣子？要忠於自我，沒有人能替你的樣子負責。

② 要死成微笑沒有遺憾，別猶豫不決去完成那些不做會遺憾的事，因為你反正都帶不走，別怕失去手邊的東西。勇敢去失敗！

③ 不去愛別人就太對不起自己了。有一件事非做不可：把愛傳出去。你的 BMW 不會去老人院看你，但你愛過的人會。

④ 你只能活在當下。把每天都當做此生的目的地來活，讓自己當下到達，別當它是邁向終點的一步步。就算此刻是最後日落，你也可以充滿幸福！

⑤ 施比受有福。你不會帶走任何東西，但你可以留下一個好樣子。讓活的人說：「我的一生也要跟他一樣。」

死前活得精采些，讓世界多點歡樂、希望，讓人家知道如何活出價值，這就是你可以留下的。

　　準備告別人生舞台，沒什麼好擔心的。每天都練習「站在舞台中央（扮演好角色：生、旦、丑角），退回原來位置（原來的位置就是你一直在生命中的樣子）」，練習順了，走的時候只是最後一次「退回原來的位置」。

　　活的時候是怎樣，到死得明白都具足了，就可總結自己精采的一生了。

看世界的方法 248

一個人的活法

作者	鄭家鐘
封面設計	兒 日
責任編輯	林煜幃

發行人兼社長	許悔之
總編輯	林煜幃
副總編輯	施彥如
美術主編	吳佳璘
執行主編	魏于婷
行政專員	陳芃妤

藝術總監	黃寶萍
策略顧問	黃惠美 · 郭旭原 · 郭思敏 · 郭孟君
顧問	施昇輝 · 林志隆 · 張佳雯
法律顧問	國際通商法律事務所／邵瓊慧律師

出版	有鹿文化事業有限公司
地址	台北市大安區信義路三段 106 號 10 樓之 4
電話	02-2700-8388
傳眞	02-2700-8178
網址	http://www.uniqueroute.com
電子信箱	service@uniqueroute.com

製版印刷	沐春行銷創意有限公司

總經銷	紅螞蟻圖書有限公司
地址	台北市內湖區舊宗路二段 121 巷 19 號
電話	02-2795-3656
傳眞	02-2795-4100
網址	http://www.e-redant.com

ISBN：978-626-7262-56-6
初版第三次印行：2024 年 2 月 20 日
定價：350 元
版權所有 · 翻印必究

國家圖書館出版品預行編目 (CIP) 資料
一個人的活法 / 鄭家鐘著 . -- 初版 . --
臺北市 : 有鹿文化事業有限公司 , 2024.01
面； 公分 . -- (看世界的方法 ; 248)
ISBN 978-926-7262-56-6(平裝)

1. 修身 2. 生活指導 3. 自我實現
192.1 112021567